한 사람을 생각했다

박혜경
2015년 『작가세계』를 통해 시인으로, 1987년 『동아일보』 신춘문예를 통해 문학평론가로 등단했다.
시집 『한 사람을 생각했다』, 비평집 『상처와 응시』 『오르페우스의 시선으로』, 인문학에세이집 『당신의 차이를 즐겨라』 등을 썼다.

파란시선 0162 한 사람을 생각했다

1판 1쇄 펴낸날 2025년 8월 20일
지은이 박혜경
인쇄인 (주)두경 정지오
디자인 이다경
펴낸이 채상우
펴낸곳 (주)함께하는출판그룹파란
등록번호 제2015-000068호
등록일자 2015년 9월 15일
주소 (10387) 경기도 고양시 일산서구 중앙로 1455 대우시티프라자 B1 202-1호
전화 031-919-4288
팩스 031-919-4287
모바일팩스 0504-441-3439
이메일 bookparan2015@hanmail.net

ⓒ박혜경, 2025, printed in Seoul, Korea

ISBN 979-11-94799-08-5 03810

값 12,000원

*이 책 내용의 전부 또는 일부를 재사용하려면 반드시 저작권자와 (주)함께하는출판그룹파란 양측의 동의를 받아야 합니다.
*잘못된 책은 바꾸어 드립니다.
*지은이와의 협의 하에 인지는 생략합니다.

한 사람을 생각했다

박혜경 시집

시인의 말

입안에 쓴 물이 고이듯
언제든 내게 꺼내 보여 줄
변명을 준비하지 않고는
살아 내기 힘든 시간들이 있었다고
당신은 내게 말했었다.

거울 속에
내가 있다.

거울 속에는
거울만 있다.

차례

시인의 말

제1부 여자는 상점의 어두운 문 앞에 서 있었다
정전 - 11
항로를 그리던 시간 - 14
감은 네 눈동자 속으로 - 19
너의 생일―모든 존재는 탄생의 시간을 지나간다 - 22
x - 26
정희의 모자 - 31
혜선의 모자 - 34
두 개의 시퀀스 - 39
뤼미에르 공장을 나서는 노동자들 - 42
행복 - 45
진흙으로 만든 배 한 척 - 48
폭설 - 51
마술사 - 54

제2부 모두와 닮았으나 누구와도 닮지 않은
도시의 카툰 - 59
개그맨 - 62
눈오리 - 64
선향의 모자 - 67
미선의 모자 - 72
자연사박물관 - 75
오래된 항구 - 78
고생대의 바다와 현생인류 - 80

그녀의 방 - 82

눈물 - 84

La Vie En Rose—어떤 짐작에 관한 가설 - 86

당신의 디자인 - 88

손잡이 - 90

제3부 장면 속에 끝까지 남은 자가 되어

사랑은 어떻게 시작되는가 - 95

팔월의 비 - 98

흰 담비들은 수풀 속으로 사라져 - 101

손가락 지도 - 104

다섯 사람의 행인 - 106

목각인형 - 108

챙 넓은 모자 - 111

핫초코와 아이스크림 - 114

의자의 용도 - 116

슬리퍼 - 118

거울의 얼굴 - 120

제4부 최면의 시간은 끝났습니다

한 사람 - 125

카운트다운 - 126

렌즈와 파동 - 128

부두 - 131

투명한 촉각 - 132

옥상의 날들 - 134

올가미 - 137
SOLD OUT - 140
조용한 상자 - 142
벚나무의 시간 - 145
당신의 모자 - 148
우리 - 150
모이라 - 152

해설
정과리 여성성의 한 측면: 소외 속의 도착이 노리는 것 - 154

제1부 여자는 상점의 어두운 문 앞에 서 있었다

정전

휴대폰 불빛으로 얼굴을 밝힌 사람들이 절벽 위에 모여 있다

멀리서 보면 구조를 기다리는 한 무리의 짐승들 같다

짐승들은 싱싱해서 정전의 순간을 상상하기란 쉽지 않지

도시로 퍼져 가는 것은 정전만이 아니다

정전된 도시로 모여드는 것은 어둠만이 아니다

비로소와 마침내는 다른 말일까 같은 말일까

비로소 너는 이곳이 어디인지 알게 되었다

마침내 너는 이곳을 떠나려는 결심의 무모함을 이해하게 되었다

두 문장 사이에는 어떤 정전이 있다

누군가 허공을 향해 휴대폰 불빛을 흔들고 있다

불빛 뒤의 얼굴은 꺼져 있다

형체만 남은 이것을 너라고 부를 수 있을까

어둠은 절벽을 감추고

절벽은 어둠을 감추고

어둠이 지운 그것을 언제든 살려 낼 수 있는 불빛을

너는 갖고 있다는 듯

우리는 믿기로 했다

모두가 휴대폰 불빛을 흔들고 있었으므로

정전은 계속 지연되었다

누구도 그들을 구조하러 오지 않았다

항로를 그리던 시간

一　그래요 당신과 나는
　　그저 지나간 시절 인연이었죠

　　당신은 여느 때와 다름없이 그곳에 있었고
　　여느 때란 이미 지나간 시절의 어느 때
　　어쩌면 그곳에 없었을지도 모를
　　어쩌면 영원히 도래하지 않을
　　그런 시절을 의미하는 것이 아닐런지요

　　난 의미 있는 삶을 좇았어요
　　당신을 찾아서
　　당신과 늘 함께하는 삶을 꿈꾸었지요
　　의미란 내게 그런 것이었으니까요
　　있는 듯 없는 듯 모호한
　　신비롭지만 공허한

　　난 당신에게 필요한 사람이었을지도 모르죠
　　영영 당신을 만날 수 없다 생각하니
　　그런 생각이 들어요
—　생각은 어느 방향으로든 흘러가기 마련이니까요

난 생각이 자신만의 의지를 갖고
마치 나 자신인 양 내게 나타난다는 생각을 하곤 했어요
나는 언제나 내가 하고 싶지 않은 생각에 빠져들곤 했으니까요

나는 당신에게 어떤 존재였을까요
당신에게 내가 필요했던 것은
내가 당신이 부재하는 시간 속에 있었기 때문이 아니었을까
라는 생각이 들어요
당신의 부재에 길들여지며 나는 더욱 생생해졌죠
그것은 마치 당신과 함께 항해를 준비하는 기분이었어요
배를 구입하고 지도를 펼쳐 놓은 채
빨간 펜으로 항로를 그려 나갔던 시간
당신은 쉬지 않고 내게 말을 건넸죠
고개를 들면 당신은 없고 목소리만 남아 있던 그런 얘기
어느새 목소리마저 사라지고 잡동사니들로 가득한
탁자 위에 나의 귀만 덩그러니
놓여 있던 그런 얘기

커피 한잔 더 할래요?
당신은 오늘 집에서 쉬고 있군요
커튼 사이로 빛이 새어든 지 오랜데
당신은 커튼을 젖힐 생각도 않는군요
당신이 마시던 커피의 온기가 아직 남아 있어요
당신이 의자에서 일어나 천천히 발을 옮길 때
고즈넉이 울리던 마룻바닥의 소음이
어제보다 조금 더 옅어졌군요

나는 마치 커튼이 영원히 걷히지 않는
작은 오두막에 앉아 있는 기분이에요
밖에는 비가 내리고 있나 봐요
당신이 비에 흠뻑 젖은 모습으로
오두막에 들어섰으니까요
침대에 누운 나는 바짝 마른 두 손을 들어
빨간 펜으로 그어진 항로를 따라
이제 막 항해에서 돌아온
당신의 젖은 얼굴을 어루만져요
당신 얼굴의 차가운 온기가
내 손으로 옮겨 와요

당신이 남긴 식은 커피잔에 비친 내 얼굴을 보며
난 비로소 당신의 부재가 내 삶의
유일한 이유였음을 받아들이게 돼요

나는 물로 만든 오두막 작은 탁자에 앉아
잔에 남은 액체를 천천히 들이마셔요
검은 액체가 항해하는 내 몸의 항로가
지도 위에 남은 흐릿한 흔적처럼 선명해요
빛으로 가득한 해변에서 당신이 빨리 오라는 듯
나를 향해 손짓하고 있네요
나는 당신을 지나쳐 최대한 빠른 속도로
바다를 향해 뛰어들어요
물로 만든 배가 커다란 커튼을 돛처럼 펄럭이며
나의 항로로 들어서는 게 보이네요

나는 비로소 나를 찾은 듯
바닷속으로 깊숙이 미끄러져 들어가요
내 차가운 발이 당신의 발 옆에서
하얀 포말을 일으키며 헤엄치고 있어요
먼 항해에서 돌아온 배처럼

―

바다에는 모든 시간이 닻을 내리고
어떤 시간도 멈추지 않았죠

―

감은 네 눈동자 속으로

예순다섯의 네가
열아홉의 너를 만나는 날
바다는 색을 바꾸었다
푸른빛에서 잿빛으로
잿빛에서 다시 푸른빛으로
너는 놀이터 옆 벤치에 앉아 있었고
스무 살이 된 너는 지하철 개찰구를 나와
지하상가로 이어지는 긴 통로를 걸어간다
열일곱의 네가 음악 분수대 가는 길을 물었을 때
스물둘의 너는 지하상가에서 산 샌들을 신고
놀이터에서 혼자 모래놀이를 하는
다섯 살의 너를 지나쳤다
서른한 번째 생일을 맞은 날 아침
너는 지하철 충무로역 에스컬레이터를 오르며
스물셋의 너를 엇갈려 지나간다
마흔둘의 네가 고속도로 톨게이트를 빠져나갈 때
일곱 살이 된 너는 장난감 가게에 진열된
나무 블록을 향해 손을 뻗고 있다
열아홉과 스물둘의 너를 지나쳐
너는 일흔다섯의 너를 만난다

너의 임종을 보기 위해 모인 사람들에게
무언가를 말하려는 듯 떨리는 입술을 달싹거리는
너는 오래전 산 낡은 샌들을 신고
낯선 도시의 육교를 오르고 있다
정오의 뜨거운 햇빛이 해고를 통보받은
마흔일곱 살 네 정수리로 쏟아져 내리고
일흔다섯의 네가 입원한 병원 앞을
스물다섯의 네가 친구들의 팔짱을 끼고
웃음을 터뜨리며 지나간다
노란 플라스틱 삽, 빨간 바스켓,
파란 물뿌리개가 흩어진 모래 놀이터를 지나
열두 살의 네가 머리칼을 흩날리며
공원 분수대로 뛰어간다
서른다섯의 너는 모래놀이로 더러워진
다섯 살 딸의 손을 잡고
등 뒤를 비끼는 시월의 햇살 속에
막 음악이 흘러나오기 시작하는
분수대를 향해 걸어간다

떨리는 입술 사이로 너의 마지막 말이 흘러나오는 시간

쉰여덟의 너는 겨울 해변을 향해 차를 몰고 있다

너는 차가운 해변에 홀로 누워 있다

네가 짧은 잠에서 깨어
바다를 향해 고개를 돌렸을 때
감은 네 눈동자 속으로
파도의 무수한 빛과 색이 쏟아져 들어왔다

이걸로 충분해

해변으로 밀려온 긴 파도가
모래 위에 남겨진 발자국을 쓸고 갔다

너의 생일
―모든 존재는 탄생의 시간을 지나간다

一 그릇에 담기면 그릇의 형태로 만들어진다는 점에서
빛은 물의 속성을 닮았다

너의 생일을 축하하기 위해
우리는 둥근 술잔을 들어 올렸다

각자의 사막을 걸어 여기에 도착하는 동안
누구는 사막여우의 길고 뾰족한 귀를 보았고
누구는 모래 속으로 사라지는 전갈을 보았고
누구는 낙타들의 대상을 따라 오래
밤과 낮이 바뀐 사구의 길을 걸었다

잔에 담긴 술이 부드럽게 뺨을 달구며
목 안으로 흘러드는 동안
떠들썩한 우리의 머리 위에는
미래를 비추는 고요한 전등처럼
노란 창문이 열려 있었다

먼 훗날 창 안의 빛은
二 유리잔에 담긴 물처럼 반짝일 것이다

그릇을 떠나는 순간 그릇의 형태를 잊는다는 점에서
빛과 물은 불의 속성을 닮았다
마른 풀에 불을 지피듯
말들이 타오른다
찰랑이며 부딪히는 잔들 사이로
말이 물처럼 흘러다녔다

어떤 말은 밝고
어떤 말은 어둡다
어떤 물은 차갑고
어떤 물은 뜨겁다

그날 탄생의 축제 한가운데 서 있던 검은 그림자는
미래에서 온 것일까
과거에서 온 것일까

모든 빛은 과거에서 오는 것
어둠 속에 더욱 빛나는 창들을 바라보며
우리는 알게 되지

얼마나 자주 우리는
어제의 창을 열고 먼 훗날의 불빛을 바라보는가
기억으로 만든 빛은
기억의 형상을 재현할 뿐
건물로부터 흘러나온 불빛이
창의 형상을 재현하듯

창들이 허공에서 부서지네
물이 불 속에서 타오르네
어떤 잔으로도 담을 수 없는
넘치는 취기 속에서
우리는 또 한 번 물과 불과 빛으로 가득한
탄생의 시간들을 지나간다
우리가 서로 다른 색으로 빛나던 탄생의 문을 지나
여기 도착한 지금

이토록 찰랑이는 지금
이토록 넘치는 취기 속에서
지금 후에 남겨질 우리는
상상하지 않기로 해

상상 속에 도착할 추운 일들은
유리잔에 담지 않기로 해

물과 불과 빛이 사라진 긴 공허의 시간을 지나
모두에게 공평하게 당도할 탄생의 주기를 기억하며
여기 다시 모일 우리

우리가 붉게 달아오른 서로의 눈을 보며
깨끗한 기쁨으로 빛났던 여기

먼 곳에서 바라보는 창들이
잠시 따뜻했던 여기

너의 생일을 축하해!

x

1.

x는 눈을 감았다

눈을 감고 있으면
아무 일도 일어나지 않은 것 같은
그 기분이 좋았다

x는 나무 그림자로 가득한
숲을 지나갔다
잘려 나간 나무들이
허공을 떠다니고 있었다
저 나무들은 그림자만 남겨 둔 채
지상에 내려오는 방법을 잊어버린 거야

x는 문득 외롭다는 생각이 들어
자신의 운동화를 내려다봤다
먼 길을 걸어온 운동화는
조금 지쳐 보였다

x는 언제 집을 나왔는지 기억할 수 없었다

2.

눈을 감고 있는 동안
나는 살아 있어

x는 숲을 지나가는
여러 사람의 발자국 소리를 들었다

여러 사람이 x에게 다가와
서로 다른 목소리로 속삭였다
그들의 고백을 들으며
x는 어떤 고백은 고백이 끝나는 지점에서
시작된다고 생각했다

그들이 여러 사람의 목소리로 들려준 이야기가
모두 x의 고백이었음을
x는 알고 있었을까

어떤 목소리도 x를 통과하지 않고는
고백이 될 수 없음을

고백을 끝낸 사람들이
x의 곁을 스쳐 지나갔다

그곳에 없는 사람처럼
x는 자신의 운동화를 내려다보았다
한 번도 일인칭을 벗어나 본 적 없는 이 간절함이
어디에서 온 것인가를 생각하며

3.

숲이 흔들리는 소리가 들려왔다

눈을 감고 있는 동안에는
모든 것이 어둠이었으므로
x는 숲속의 짐승들이
숲의 가장자리를 따라 물이 있는 방향으로
이동하고 있다고 생각했다

숲의 내장을 가르듯
하울링 소리가 들려왔다

어둠에 익숙해진 눈이
빨려들 듯 물 위로 쏟아졌다

오래전 숲으로 들어간 짐승들은
다시 물 밖으로 떠오르지 않았다

4.

x는 병실을 나와 강이 있는 곳으로 걸어갔다
강둑을 따라 거위 떼가 이동하고 있었다

"거위는 가금화된 기러기를 말하며……"
x는 오래전 읽었던 문장을 떠올렸다

거위 떼가 목을 길게 빼고 x를 향해 소리쳤다

네 고백의 99%는 거짓이야!

흰 거위 한 마리가 거위 떼를 빠져나와
뒤뚱뒤뚱 강을 향해 걸어갔다

조금 외로웠고
x의 운동화는 강변의 붉은 진흙 속에
묻혀 있었다

x는 왔던 방향으로 다시 걸어갔다

병실 문을 열었을 때
x가 누워 있던 시트 위에는
x의 주머니를 빠져나온
흰 깃털이 놓여 있었다

*거위는 가금화된 기러기를 말하며……: 위키백과.

정희의 모자

그녀는 늘 세상에 있었지만
손으로 만질 수도 있었지만
그녀는 정희로 불리었고
정희의 모자를 쓰고 있었으므로
사람들은 그녀가 정희가 아닐 리가 없다고 말했다

그녀는 거울 속의 표범과 마주 서 있다
정희는 그녀의 등 뒤에 곤히 잠들어 있다
불면에 시달린 그녀의 눈에서
표범의 꼬리가 길게 빠져나온다
그녀는 표범의 충혈된 눈 속에
모자를 그려 넣는다

너에겐 어떤 영혼이 남아 있는가
눈 속의 모자가 그녀에게 묻는다
어둠을 뚫고 이곳에 도착한
굶주린 한 마리 표범의 형상처럼
찢어진 얼굴의 관자놀이를 누르고
두 개의 붉은 구멍 속으로 침몰하는

정희의 얼굴은 공포로 가득하다
그녀는 거울 속의 모자를 꺼내
정희의 머리에 씌운다

정희를 부르면
닿을 수 없는 먼 곳에서 발신되는 소리

정희니?

너 정희 맞지?

그래요 전 이곳에서 정희로 불리는 사람입니다만

정희의 모자를 쓰고
정희와 밥을 먹을 때
정희가 햇빛 가득한 광장을 걸어왔다
나는 뜨거운 햇빛이 내리쬐는 중세풍의 지붕 위에서
표범 장식 위에 올라탄 정희가
나를 향해 손을 흔드는 것을 보았다

그해 여름 정희와 나는 긴 비행을 했고
낯선 관광지에서 쉴 새 없이 사진을 찍었다

대성당 밖 야외 테이블에 앉아
나는 정희가 쓴 모자챙 밖으로
끝없이 펼쳐진 관광지의 짙푸른 하늘을 바라보았다

사진 속 모든 순간에 정희는
정희의 모자와 함께 있었다

탑승구를 지나 비행기를 향해 걸어갈 때
정희의 모자를 쓴 여자가
탑승구 밖으로 사라지는 것을 보았다

이륙을 알리는 기내 방송이 들려왔다
안전벨트를 매고
나는 정희가 오기를 기다렸다

혜선의 모자

모자를 쓰면
머리가 사라진다고
믿는 여자가 있다

그녀의 머릿속엔 하찮은 희망의 동어반복
스스로 골몰하는 자책
더러워진 깃털과 비참한 문장들이
가득하다고

믿음은 혜선을 구하고
혜선은 믿음을 구한다

모자 안에 사라진 머리를 넣고
사라진 머리 안에 다시 사라진 머리를 넣고
그녀는 마지막으로 바싹 마른 두 날개를
모자 안으로 밀어 넣었다

상점에 가면
혜선이 모자 안에 조용히 앉아 있다
상점은 어두웠고

비릿했고
혜선이 모자 안에서 불쑥
튀어나왔다
스프링을 달고
나약함을 포장하며

챙 넓은 모자의 관대함을
그녀가 길 위에 떨어뜨린
하얀 모자의 분명한 물성을
그들은 혜선에게 건네주었다
혜선은 상냥한 모자를 쓴 사람들과
테라스 창밖으로 눈부시게 부서지는
관광지의 낯선 햇빛을 바라보았다

상점 유리창에 눈을 바짝 대면
모자 안에 파묻혀 흐릿해져 가는
그녀가 보였다

이름이 뭐죠?
혜선이에요

당신은 예쁜 이름을 가졌군요
누구나 기억하기 쉬운

누구나 잊기 쉬운

내가 그녀를 기억하는 것은
모자 밖으로 비어져 나온
작은 부리 때문이었다

작은 부리는 모자챙에 반쯤 눌린 채
주머니 밖으로 빠져나온 단도처럼
누군가 문틈에 끼워 넣고 간
비밀스런 쪽지처럼 보였다

상점 문이 열리고
혜선이 모자 안에서 느리게 일어선다
문으로 들이치는 역광 속에
검게 펼쳐진 실루엣이 들어선다

혜선은 가슴까지 흘러내린

희박한 표정을 끌어올리며
그녀를 향해 다가선다

늦은 시간이군요
무엇을 도와 드릴까요

실루엣 한가운데서
어떤 빛이 반짝였다

모자챙 밖으로 빠져나온 부리가
혜선의 머리를 찔러 왔다
사라진 줄 알았던 머리가
통증에 익숙해졌던 마음이
혜선의 청각을 움켜쥐었다

혜선은 그녀의 청각을 움켜쥔
통증의 분명한 물성이
모자를 통과해 자신의 미래로
들어가는 것을 보았다

─　혜선의 모자를 쓰고
　　여자는 상점의 어두운 문 앞에 서 있었다

　　검은 새 한 마리가
　　역광 속으로 날아갔다

─

두 개의 시퀀스

1.

 정성스레 화장을 마친 그녀는 그의 차가 도착하는 경쾌한 엔진음을 들었다 오월의 화창한 주말이었고 행복의 조건은 모두 갖추어져 있는 듯했다 그녀는 그가 현관문을 여는 순간을 기다린 후 천진한 표정으로 계단을 내려갔다 계단 중간쯤 내려갔을 때 그녀는 현관문을 열고 들어오는 그와 눈이 마주쳤다 그녀는 비명을 지르며 계단을 뛰어 올라갔다

 그녀의 집 앞에 도착한 그는 차에서 내려 창문을 올려다보았다 그녀의 얼굴이 창문 안으로 급히 사라지는 것이 보였다 참을 수 없는 미소를 떠올리며 그는 현관 앞에 섰다 그녀가 계단에 나타날 시간을 계산하며 그는 현관문을 열어젖혔다 그녀가 계단 중간쯤 내려왔을 때 그가 얼굴을 들어 올렸다 그녀의 수줍은 비명이 그를 몹시 즐겁게 했으므로 그는 그녀가 시야에서 사라질 때까지 웃는 표정을 유지했다

 이 시퀀스는 멋지게 성장한 두 남녀가 빨간 오픈카를 타고 마을의 잘 닦인 도로로 사라지는 장면으로 끝이 난다

2.

 복도에서 길을 잃었다 휴대전화를 들고 스크립트를 들여다보며 떠들어 대는 한 무리의 사람들이 지나갔다 복도를 따라 어슴푸레한 빛이 스며 나오는 방들이 이어졌다 먼지 쌓인 테이블과 의자들, 검게 변해 버린 조화들, 방을 구성하는 모든 것들이 오래된 폐기물처럼 보였는데 나는 단지 방송국 복도에서 길을 잃은 사람일 뿐이었으므로 그것은 아무 근거 없는 생각에 지나지 않았다

 그가 나오는 텔레비전 프로를 보았다 잘 차려입은 사람들이 화려한 꽃과 조명으로 장식된 스튜디오에 모여 화기애애한 잡담을 나누고 있었다 주말이었고 주말다운 비가 내리고 있었으므로 이런 날씨에는 시시껄렁한 잡담이 어울린다고 생각했다 소파가 놓인 벽 뒤에서 옆집의 리모델링 공사 소음이 들려왔다 잡담과 소음 속에서 나는 주말 오전의 루틴을 계속했다 문밖에서 누군가 복도를 걸어가는 소리가 들렸다 소리는 이어지다 멈추고 다시 이어지기를 반복했다 어슴프레한 빛이 스며든 복도에 누군가 서 있었다 그곳이 아니고 이곳입니다 잡담과 소음과 루틴으로

이어진 시퀀스에서 걸어 나온 사람이 그에게 말을 건넸다
휴대전화와 스크립트를 손에 든 한 무리의 사람들이 떠들
썩하게 복도를 지나갔다

뤼미에르 공장을 나서는 노동자들

―

 여자는 유리 저쪽에 있고 남자는 유리 이쪽에 있어 두 사람은 서로를 환히 보고 있는데 불타는 그들의 눈빛은 차가운 유리를 뚫지 못하지 마침 남자 옆에는 의자가 있었어 영화 스텝이 감독의 지시로 가져다 놓은 거겠지 마침내 남자는 준비된 의자를 들어 용감하게 유리를 내리쳤어 유리는 장렬히 전사하고 두 연인은 비로소 서로의 격렬한 몸을 끌어안지 그것은 세계가 깨지고 사랑이 성취되는 감동적인 순간이었을까?

 카페의 나른한 휴일 오후
 이제 막 영화 공부를 시작한 그는 열정에 차 있다
 스크린의 재질은 PVC라고 해요
 PVC의 특징은 가볍고 기계적 강도가 우수합니다
 무독 무취이며 부식이 전혀 발생하지 않으므로 위생적이지요
 자기 연소성이 없어 불꽃이 저절로 꺼지므로 화재의 원인이 될 염려가 없고
 누수 및 침수가 발생하지 않아 반영구적인 수명을 가지고 있죠

―

그는 1895년 뤼미에르 형제가 「뤼미에르 공장을 나서는 노동자들」을 만든 이후 영화가 인류와 희로애락을 함께하는 반영구적인 유일한 장르가 될 것이라는 장광설을 지루하게 늘어놓고 있다

영화를 볼 때 나는 대부분 영화의 어떤 장면만을 기억해

그녀는 머그잔 바닥에 달라붙은 커피 찌꺼기를 들여다보며 졸린 듯한 대사를 읊조린다

남자와 여자는 그 후 어떻게 되었어?

남자는 살인죄로 감옥에 가고
여자는 남자가 죽인 남편의 유산을 상속받아 억만장자가 되었지
남자는 뒤늦게 알아 버린 여자의 배신에 울부짖는다는 가볍고 위생적이며 무독 무취한 그런 이야기

그러니까 어디에도 순도 백 퍼센트의 사랑은 없다는 거 잖아

그녀는 긴 하품을 하며 돌아가는 길에 사야 할
저녁 찬거리를 떠올렸다

그들이 카페를 나왔을 때
해는 아직 중천에 걸려 있었다

그녀는 무심코 그들이 나온 카페를 뒤돌아봤는데
선팅이 된 검은 유리 너머로는 아무것도 보이지 않았다

저녁이 오기 전 밀린 잠을 더 자 두어야겠다는 생각에
그들은 발걸음을 조금 서둘렀다

*PVC의 특징은 가볍고 기계적 강도가 우수합니다 ~ 누수 및 침수가
발생하지 않아 반영구적인 수명을 가지고 있죠: 한국PVC관공협동조합
사이트에서 참조한 내용을 재구성.

행복

그녀는 항아리에 담겨 연못 속으로 들어갔다
남자가 밧줄을 들고 그녀를 따라갔다

산기슭에 검은 차들이 줄지어 서 있었다
선물 상자를 치켜든 사람들이 떠들썩하게 언덕을 내려왔다

여자들은 허벅지까지 오는 부츠를 신고
남자들은 뿔로 장식된 모자를 쓰고 왔다
방문객들은 남자가 환영의 표시로 걸쳐 놓은 밧줄에
자신을 닮은 피규어를 매달았다

연못에서 오리들이 날아올랐다
오리들은 모래언덕을 지나
푸른 잔디로 둘러싸인 집으로 들어갔다
오리를 따라온 아이들은
벽을 타고 나무와 지붕에 매달렸다

오리들이 파티를 위해 준비한 테이블 위로 날아올랐다
방문객들의 동선이 흐트러졌다
아빠의 새 여자가 뛰어왔다

오리들을 위한 장식장을 주문해야겠어요

푸른 잔디 위에 흰 식탁보로 덮인 새 테이블이 차려졌다

베이지색과 브라운색 아라베스크 무늬로 짠 양탄자 위에
새로 배달된 장식장이 놓였다

장식장은 쓸모없는 오리들을 넣어 두기에 좋은 장소지
아빠는 너희들을 위해 오리 배를 구입했단다
새로 산 오리 배는 너희들의 못된 발을 숨겨 둘 만큼
충분히 크단다

새 피규어를 선물 받은 아이들이
푸른 잔디 위를 뛰어다녔다

아이들은 구령에 맞춰 오리 배를 타러 갔다

여름이 끝날 때까지 그녀는
항아리를 뒤덮은 검은 수초들 사이에 떠 있었다

연못이 메워진 자리에 푸른 잔디가 심어졌다
아이들을 태우러 온 검은 차가
푸른 잔디 앞에 잠시 멈췄다 사라지곤 했다

*행복: 프랑스 영화 「Le Bonheur」에서 가져옴.

진흙으로 만든 배 한 척

一   내가 방을 나가려 할 때
    당신이 문을 열고 들어왔다
    당신은 여행 가방을 가리켰고
    나는 말없이 가방 안으로 들어갔다

    창밖에는 등고선 모양의 배 한 척이
    출항을 기다리며 정박해 있었다

    여행 가방이 배에 실리는 소리가 났다

    배는 출발하지 않았고
    분주하게 움직이던 사람들의 목소리도 들리지 않았다
    여행 가방은 밖에서 열도록 설계된 것이었으므로
    나는 내게 무슨 일이 일어났는지 알 수 없는 상태로
    배 안에 남겨졌다

    내가 그곳에서 얼마나 많은 시간을 보냈는지
    기억나지 않는다
    가방은 여행의 형식 안에 있었고
二   출발은 다만 지연된 것일 뿐이므로

더운 나라의 항구에서
우리는 꿈을 꾸었지
기억을 잃어버린 사람처럼
세상 모든 곳을 여행했지
빈 배들은 항적도 없이 물 위를 떠돌고
항구에는 오래된 보트들이 버려져 있네

먼바다에서 선원들의 노랫소리가 들려왔다

배가 등고선 모양으로 출렁거렸다
배는 흔들림을 멈추지 않았다
가방은 짙은 얼룩에 덮여 갔다

등고선 모양의 배가 항구에 닿았다
가방이 열렸을 때 그곳에는
진흙으로 만든 배 한 척이 놓여 있었다

우리는 더운 나라의 항구에서 말을 배우고
새들의 비행을 복기하고

나로 불리는 모든 삶을 항해했네

출항 준비를 마친 배가
항구를 천천히 미끄러져 나갔다
당신은 여행 가방을 들고 갑판에 서서
바람을 안고 부풀어 오르는 흰 돛을 바라보았다

폭설

당신은 사소한 일들에 집착하는 버릇이 있지
이를테면 아침에 속눈썹이 빠진 날은
그날의 약속이 깨지는 날

왼발로 첫 계단을 디딘 날은
나쁜 소식을 듣게 되는 날

깎은 손톱 조각이 서랍장 틈으로
튕겨 사라진 겨울밤엔
다음 날 아침 폭설이 내리는 날

실제로 그런 날 아침 폭설이 내렸는지는 기억나지 않는다
손톱 조각이 서랍장 틈으로 들어가 보이지 않던 날도
당신은 오랫동안 서랍장이 없는 방에 거주했었다는 사실도

당신은 폭설에 대한 시를 쓰기로 마음먹었으므로
폭설의 이미지를 떠올려 본다
사람들이 폭설 내린 거리를 힘겹게 지나다닌다
어떤 길은 폭설이 말끔히 치워져 있고
어떤 길은 폭설이 여전히 쏟아지고 있다

이미지를 떠올리는 것은
당신이 차가워지는 순간이다
당신은 어느새 폭설이 쏟아지는
풍경 속에 서 있다

당신은 한 아이와 폭설로 뒤덮인 시가지를 걷고 있다
폭설이 내렸으므로 시가지의 지붕은
부드러운 곡선으로 이어져 있을 것이라고
당신은 생각한다
당신은 가끔 키 작은 아이가 어떻게
당신의 허리까지 쌓인 폭설을 뚫고 나아가는지
의문에 잠기기도 한다
지붕을 덮은 시가지의 폭설이
키 작은 아이의 목덜미 위로
쏟아져 내리는 장면을 목도하면서

아이를 삼켜 버린 건 폭설이 아니라고
당신은 잠시 당신에 관한 꿈을 꿨을 뿐이라고
그는 말했었다

사소한,
차갑고도 불길한 꿈을

오늘 당신은 아침에 속눈썹이 하나도 빠지지 않았고
왼발로 첫 계단을 디디지도 않았다

뜨거운 태양이 내리쬐는 길 건너편에서
오늘 만나기로 한 일행이 손을 흔들고 있다

신호가 바뀌기를 기다리는 동안
빠르게 달리는 차들 사이로
폭설에 갇힌 당신이 나타났다 사라졌다 했다

마술사

一
문을 열었을 때
나는 당신이 마술을 부린다고 생각했어
당신이 늘 들고 다니는 가방이 당신 대신
방으로 들어오는 걸 보았거든

당신의 가방을 들고
나는 당신이 사라진 반대 방향으로 걸어갔어
당신 발등에 내 두 발이 얹힌 줄도 모르고
그러고 보니 그날 당신의 가방은
흠씬 젖어 있었던 것도 같네
그것은 오랜 시간을 걸어 이곳에 도착한
쥐 떼로부터 낙오된 한 마리 쥐였을까?

난 당신이 더 이상 마술사가 아니라는 걸 알아
상자 안에서 목이 잘린 당신이 걸어 나왔을 때
우레와 같은 박수 소리 속에서 당신은
목에 채워진 투명 밧줄을 들고 웃고 있었지
상자에는 정교하게 고안된
살해 도구들이 가지런히 놓여 있었고

一

뒤돌아보지 마
뒤돌아보지 마
내 앞에 당신 말고 누가 또 있어?
내 말은 당신이 당신이 아닌 채로
이곳에 있을 가능성에 대해 생각해 보자는 거야

어이 거기 당신!
어젯밤 그곳에서 날 부른 건 당신이었나요?
머리가 날아간 거대한 쥐의 형상이었나요?
내 이마 위에 아무렇게나 써 갈긴
당신의 필체였나요?

이곳에서 당신은 오래전 당신이 지나간
흐릿한 자국일 뿐
그어지다 멈추고
멈췄다 그어지기를 반복하는

당신이 손가락으로 그것을 가리켰을 때
그것은 머리에 뚫린 구멍에서
가느다란 연기를 뿜으며 쓰러졌었지

당신이 다정하게 그것의 목을 감싸안았을 때
그것은 흠씬 젖은 당신의 가방을 끌어안고
문밖으로 달려 나갔어

이곳은 건물마다 쥐 떼가 우글거리는 호수야
당신은 무대 위에 놓인 상자에서
새하얀 새들을 꺼내고 있어
부리까지 하얀
혀까지 하얀
상자에서 꺼내는 순간 관객들 사이로 흩어져
흔적도 없이 사라지는 쥐 떼들

집으로 오는 길에
나는 큰길가 더러운 쓰레기통에 머리를 박고 있는
당신을 보았어

나는 아직도 소파 위에 놓아둔 당신의 가방에서
쥐 떼가 끝도 없이 쏟아져 나오는
당신의 마술에 깜짝 놀라곤 해

제2부 모두와 닮았으나 누구와도 닮지 않은

도시의 카툰

길모퉁이에서 그가 등장한다
불안한 표정의 그는 방금 이 도시에 도착한
행려처럼 보이기도 한다

거리의 상인들이 그림자를 팔고 있다
그가 매대 위의 그림자를 들어 올리자
상인이 피팅 룸을 가리킨다

그가 상점을 나와 계단을 뛰어오른다
계단을 덮은 무료한 지붕들이
그의 긴 그림자를 말아 올린다

그가 나타난 곳은 그림자를 팔고 있는
또 다른 상점
피팅 룸을 나온 그가 몸보다 큰 그림자를 끌고
거리의 풍경 속으로 사라진다

다음 칸에 턱을 괴고
나는 그가 사라진
텅 빈 거리를 바라본다

이 삽화는 지나치게 무겁고
몽환적이야

그가 상점을 걸어 나온다
길은 방사형으로 뻗어 있다
취임식이 끝나고 시민들이
떠들썩하게 광장으로 쏟아진다
계단 정중앙에는 사계절을 상징하는
깃발들이 꽂혀 있다

우리는 자유롭고 멋진,
새로운 대형으로 자라날 것입니다

어디선가 확성기 소리가 들려올 듯한 날씨다

취임 선서하기 좋은 날씨군
카페테라스에 앉은 그가 말했다
모두가 유일해지기 위해
이 자리에 모였으니까요

그가 나를 바라보며 웃었다

손차양을 한 그가 창밖을 바라본다
비에 씻긴 거리 위로 햇빛을 머금은 지붕들이
끝없이 펼쳐져 있다

오늘은 두 계단씩 경쾌하게 계단을 뛰어올라
지붕 위를 걸어 다녀도 좋은 날

개그맨

나는 개그맨이 울고 있는 것을 본 적이 있어요
아 물론 개그맨도 사람이니까요
TV에 나온 그는 웃기는 도구일 뿐이죠
그를 웃기는 도구로 만듦으로써
우리는 웃는 도구가 되어 가는 게 아닐까요?
도구는 편리한 거니까요
편리한 도구일수록 생태계의 우성인자로 살아남는 법이죠
나는 지난밤 한 여자가 문간에 쪼그려 앉아
흉하게 일그러진 얼굴로 울고 있는 것을 봤어요
그녀는 울음과 일체가 되어 가고 있었죠
그것은 뭐랄까
울음 외에는 아무것도 없는 백 프로 순수한 울음이었어요
메소드 연기로 유명한 어떤 배우는 말했어요
진짜 울음은 얼굴이 없어지는 거다
얼굴이 사라지고 울음만 남는 거다
배우들은 대부분 얼굴 위에 우는 가면을 쓰니까요 하하하
가면과 도구 사이에는 어떤 상관관계가 있는 게 아닐까요
만취한 그가 비틀거리며 돌아서기 전
내게 남긴 말이다
그는 만년 대리라는 도구였으므로

곧 명예퇴직자라는 명예로운 도구가 될 예정이었으므로
그 생각 때문에 나는 그가 진짜 가면이
진짜 도구가 될 수 없었던 것이 아닐까 생각하
그러니까 이것은 어떤 선량한 사람에 대한 기록입니다
선량한 사람은 기록을 남기지 않죠
스스로 선량하다 생각하는 사람만이 기록을 남깁니다
선량함은 모두가 좋아하는 도구니까요

돌아오는 길에 나는 그에게 물어보고 싶었다
당신도 우는 개그맨을 본 적이 있나요?

집 근처 골목에 들어섰을 때
자신의 의사와 상관없이 인간의 생태계 안으로 들어온
길고양이 한 마리가 어두운 담장 너머로 사라졌다
나는 만취한 채 담장 밑에 주저앉아
흉한 얼굴로 울고 있는 당신을
울음 속으로 사라진 당신을

그토록 가깝고 낯선
한 인간의 얼굴을

눈오리

一

아무것도 알고 싶지 않다고 말하며
너는 내게 무수한 질문들을 던졌다

그러니까 나는
대답의 총량을 넘어서는
질문을 가진 사람이 되었던 것이다

커다란 통유리 밖에는
노란 플라스틱 틀로 찍어 낸
눈오리들이 가지런히 놓여 있다

아는 것이 전부라고 믿는 사람과
아무것도 몰랐다고 자백하는 사람이
마주 앉아 있다

오랜만이야 잘 지냈어?
식탁 위에서 두 개의 입이
서로의 입을 마주 보며 웃고 있다
식탁 밑에는 엇갈리는 네 개의 발

二 서로의 말을 못 알아듣는

넓은 탁자를 사이에 두고
I bag your pardon?
너는 내게 눈오리 모양의
질문들을 반복했다

무슨 일이 일어나기를 기다리는 마음이
아무 일도 일어나지 않는
탁자 위의 책을 펼쳐 든다
책갈피에서 투명한
작은 벌레가 기어 나왔다
책갈피를 지그시 눌렀다 다시 펼쳤다
흐릿한 얼룩이 그 자리에 남았다

날이 풀리고 눈오리들이
서로 다른 속도로 녹아내렸다

탁자에는 일 년 새 훌쩍 키가 자란 아이가
같은 모양의 오리 그림이 그려진 책갈피를 펼쳐 놓고
색칠 공부를 하고 있다

― 질문의 총량을 넘어선
대답처럼

선향의 모자

춤은 한참 뒤에 이르기 전까지 춤처럼 보이지 않는다

선향은 선하고 향기로운 아이입니다
선향은 자신의 이름을 좋아했어요
이름을 부르면 선물을 받은 듯 기뻐지는 마음이어서
선향은 자꾸만 자신의 이름을 불렀어요

내 이름은 김선향입니다
내 이름은 김선향입니다

사월 화창한 어느 날
선향은 학교 신발장에서
자신의 신발이 없어졌음을 알게 됩니다

나란히 놓인 색색의 뒤꿈치들 사이에
유독 한 자리만 검게 구멍이 나 있었어요

선향은 사라진 신발을 신고 집에 돌아옵니다

일주일 후 다음 날

선향은 사물함을 열었어요
늘 선향과 함께 다니는
선향의 모든 것을 알고 있는
모자의 빈자리가 보이는군요

선향은 비어 있는 모자를 쓰고
사물함들로 이어진 긴 복도를 지나 집에 돌아옵니다

그날은 거리에 아무도 없었어요
모자가 사라지자 선향도 사라졌기 때문입니다

다시 일주일 후 다음 날
교장 선생님의 훈시를 들으며
선향은 뜨거운 운동장에 서 있었어요
같은 방향으로 나란히 누워 있는 그림자들 사이에
선향의 그림자만 비어 있네요

아무도 선향을 본 사람은 없습니다
선향은 오직 선향에게만 보입니다

선향은 한 무리의 아이들로 에워싸인
더러운 화장실 안에서
자신의 모습을 발견합니다
선향의 머리통을 누르고 있는 악력이
붉게 달아오른 선향의 귀에
검고 긴 혓바닥을 쑤셔 박고 있군요

병신아! 죽어! 죽어! 죽어!

  선향은 자신이 왜 그곳에 있는지 모르는 장소에서 깨어납니다

  선향은 자신이 왜 그곳에 가려는지 모르는 장소로 걸어갑니다

  그곳은 선향만이 알고 있는 장소이기 때문입니다

  선향은 다만 모르는 것을 아는 사람일 뿐

  선향은 다만 아는 것을 모르는 사람일 뿐

얼음을 끌어안고 있는 선향을
얼음이 끌어안습니다
얼어붙은 호수 밑의 세계는
투명하고 고요해
선향의 신발과 모자와 그림자가
멈춰 버린 그대로 잠겨 있습니다

모자를 쓰거나 쓰지 않은 사람들이
짧은 환영처럼
호숫가로 몰려왔다 몰려갑니다

호수 옆 벤치에 선향이 앉아 있어요
선향의 머리 위로
흰빛의 오후가 내려앉아요
나무 위에는 바람이 걸어 놓은
선향의 모자가 춤추듯 흔들리고 있어요

선향은 선물을 준 사람처럼 기뻐져서
나무를 향해 천천히 자신의 이름을 불러 봅니다

내 이름은 김선향입니다

*춤은 한참 뒤에 이르기 전까지 춤처럼 보이지 않는다: 뮤리얼 루카이저,
『어둠의 속도』, 박선아 역, 봄날의책, 2020, p.184.

미선의 모자

一 이것은 미선의 모자에 대한 이야기입니다

나는 미선을 찾는 미션을 부여받았죠

TV에 나온 미선은 자신이 다섯 살 때
당신의 나라로 입양됐다고 했어요

미선의 등 뒤로는 짙은 에메랄드빛의 바다가 보였죠
미선은 저 바다를 건너 푸른 전파를 타고 왔어요

당신이 저 바다의 이름을 모르듯
나는 미선이 당신의 나라에서
어떤 이름으로 불렸는지 몰라요

내가 가진 유일한 단서는 다섯 살의 미선
어쩐지 가난의 냄새가 나는 새 옷을 차려입은 미선
겁먹은 두 손에 빨간 모자를 움켜쥔 채
표정 없는 얼굴로 웃고 있는 미선
누런 사진 밖에서 누군가 미선아 웃어야지
一 말하고 있을 것만 같은 미선

내가 아직도 미선을 기억하는 건
사진 속 빛바랜 빨간 모자 때문이에요
그것은 오랜 옛날 내 다섯 살의 기억 속을
망망대해의 배처럼 떠다니던
바로 그 모자를 꼭 닮았으니까요

미선은 자신의 이름이 엠마라고 했어요
당신의 나라에서 그 이름은
주차장처럼 흔한 이름이라 했어요

미선은 푸른 전파를 타고 왔고
TV를 끄면 사라져요

미선은 망망대해 속에 떠 있고
기억을 켜면 나타나요

미선을 만나면
나는 그 애를 엠마라고 부를 거예요
엠마는 양아빠에게 학대받은 아이

엠마는 젖은 두 눈에 진눈깨비를 감고 잠이 든 아이
엠마는 누구도 그 이름을 부르지 않는
엠마는 모두가 이사 간 집에 홀로 남겨진 아이

엄마도 아빠도
양엄마도 양아빠도 없이
TV도 푸른 전파도
국적도 무국적도 없이
엠마와 나는 미선의 빨간 모자를 쓰고
다른 나라 말로 된 둘만의 비밀을 주고받으며
에메랄드빛 바다가 있는 당신의 나라로 갈 거예요

미선은 다섯 살에 멈춰 버린 아이

이것은 다섯 살의 미선만이 아는
세상에 단 하나뿐인 모자 이야기니까요

자연사박물관

그들은 작은 짐승들 같았다

그들은 굴 앞에 서 있었다

어딘가 틈이 있는 게야
완전히 어둡지 않은 굴속을 바라보며
누군가 중얼거렸다

멸종은 탈출이야
틈은 어디에나 있어
틈은 빛을 만들지

빛을 향해 걸어가
빛은 이곳에서 네 출생의 기억들을
남김없이 지워 줄 거야

자신을 기다리는 게 멸종인 걸 안다면
너는 이곳의 일원이 될 자격이 있지

자연사박물관에는 너를 본뜬

밀랍 인형이 등장할 거야

얼마 전에는 사산된 한 아이가
이곳의 일원이 되었지
당국은 돌연변이 유전자를 가진 여자의 아이를
영구 보존할 필요가 있다는 결론을 내렸거든

이 아름다운 진열장들을 봐
이곳에서 사산은 최고의 축복이야
사산된 자에겐 길들여진 자들이
가위처럼 싹둑 잘라 낼
이곳을 향해 빛을 되쏘는
사나운 영혼이 없을 테니까

너는 밀랍 인형으로 이곳에 남게 될 거야
너의 생몰은 멸종의 기록으로 영구 보존되겠지

네 밀랍 인형을 보려거든
화살표를 비추는 이 빛을 따라가

빛이 새 나오는 방향을 향해
그들은 굴속으로 더 깊이 들어갔다

(어둠은 너의 틈
너의 빛)

영원히 너의 멸종을 기억할
자연사박물관

오래된 항구

―   그래 우리에겐 '정신'이 있었지
      그녀와 내가 함께해 온 어떤 것

      그곳은 수시로 화물선들이 드나드는 오래된 항구였다
      저물녘 지하철을 타고 철교를 지날 때면
      붉은 하늘에 기중기에 매달린 컨테이너들이
      떠 있는 것이 보였다

      그녀와 나는 가끔 대나무로 짠
      작은 가방과 파라솔을 들고
      강변으로 소풍을 나가기도 했다

      그녀는 은종 같은 소리를 냈는데
      나는 그것이 그녀와 내가 공유한
      정신의 소리라고 생각했다

      그는 쓰레기로 뒤덮인 지하철역을 빠져나와
      그녀의 집에 이르렀다

―   그녀의 집 창문에서 항구에서 맡았던

썩은 어류의 냄새가 풍겨 왔다

문을 열고 들어갔을 때
그곳은 단순한 방과 벽들로 이어진
텅 빈 컨테이너처럼 보였다

금요일 아침
나는 지하철역으로 향하며
그녀와 주말에 가벼운 나들이를 다녀올 생각에
잠시 마음이 들뜨는 것을 느꼈다

그는 밤 아홉 시쯤 그녀의 집으로 들어갔고
아무도 그가 그곳에서 나오는 것을 보지 못했다

고생대의 바다와 현생인류

　나는 사실에 대해 말하고 싶지 않아 사실은 암흑의 물질로 이루어져 있으니 암과 흑이 다정하게 손잡고 나의 침대에 누워 있다 이곳에는 공룡알 같은 나의 도시가 자라고 있다 어제는 전시관에 가서 공룡알의 화석을 봤어요 진열장 옆 화면에선 새끼 공룡들이 알을 깨고 나오는 장면이 3D 영상으로 재생되고 있었죠 전시관은 화석들과 유물이 된 무기들과 신기한 조형물들로 가득했고 전시관을 나오면 종유석 모양의 울창한 구조물들 사이로 거대한 폭포수가 계곡으로 쏟아지는 놀라운 장면이 펼쳐졌어요 이 모든 건 팩트야 나는 밤새 파도 소리가 들리는 바다 옆 모텔에서 잠을 잤어 모텔을 뚫고 종유석이 솟아오르고 파도 소리 사이로 바다의 근육이 쉴 새 없이 꿈틀거리는 이곳은 오래전 폐쇄된 전시관이라고 했다 사람들은 암실과 흑실을 들락거리며 미라가 된 나를 기웃거리다 지나갔다 보존 가치가 불분명한 나는 전시가 확정되지 않은 채 모텔에 처박혀 있었거든 공룡 전시실 옆은 고생대의 바다를 지배했던 삼엽충 화석들을 전시해 놓은 방이었어 삼엽충은 죽어 화석을 남기고 나는 술에 취해 밤새 화장실을 들락거리는 걸로 가치 있는 미라가 되기에 적합하지 않은 나의 실존을 입증한 셈이지 고생대의 바다와 현생의 바다가 모텔의 아랫도

리에서 만나 난간 위로 튀어 오르자 난간에 기대 담배를 피우던 현생인류가 비명을 지르며 전시관 안으로 흩어진다 공룡알과 삼엽충과 기암괴석에서 추출한 돌들 사이로 현생인류의 다급한 발소리가 지나가는 동안 나는 전시관 지하에서 보존 가치가 있는 미라와 없는 미라를 분류하는 일당 오만 원짜리 바코드 작업을 계속했다 알바를 마친 내가 편의점에서 라면을 먹고 있는 동안 삼엽충처럼 어기적거리며 침대에서 일어난 나의 미라는 고생대의 파도가 밀려오는 모텔 난간에 기대 어둠에 잠겨 가는 바다를 바라보며 서 있었다

그녀의 방

모두를 닮았으나
누구와도 닮지 않은
한 사람을 생각했다

너는 간다는 예고도 없이 방을 나간 지 오랩니다 나는 칩을 갈아 끼우듯 방을 갈아 끼울 수는 없더군요 빈방과 함께 사는 날들이 여러 달 흘러갔어요 가끔은 빈방에 누가 살고 있는 듯 빈방이 스스로의 생명력을 이어 가고 있는 것 같았어요 아무도 드나들지 않는데 빈방에 걸린 옷들 위로 먼지가 쌓이고 낯선 벌레의 사체들이 어제 닦아 낸 장판 위에서 발견되는 것을 달리 설명할 방법이 없더군요 방법이 없다는 건 뭘 의미하는 걸까요? 그런 일이 있을 수 없다는 생각은 대체 어디서 오는 걸까요? 혹시 그것은 빈방이 만든 생각일까요? 빈방은 아무것도 하지 않았는데 늘 뭔가를 하는 듯 보였어요 나는 빈방에 누워 빈방이 빈방이 되어 가는 것을 바라봤어요 빈방이 남긴 낙서들과 독백들, 누군가 끄고 가는 것을 잊은 듯 끈질기게 들려오는 물소리 저 물은 어디서 오는 걸까 빈방에 홀로 누워 있을 때 그녀가 내게 물었어요 그때 나는 물속에 발을 담그고 발바닥이 따뜻해지는 것을 느끼는 한 사람을 생각하는 중이었지요 아 따뜻하다 말한 후 그 말이 만든 적막에 귀 기울이는 한 사람이 되고 있는 중이었지요 빈방에는 세간들이 가득했어요 빈방은 자기주장이 강한 가구들을 계속 늘려 나갔죠 직립한 가구들 틈으로 그녀가 힘겹게 빈방을 드나드는 게 보였어요 나는 침대 위에 누워 빈방의 문을 열고 들어온 그녀가 잠시 어둠 속에 홀로 서 있는 것을 바라보곤 했어요 네가 사라진 빈방으로 시간이 문을 닫고 나간 것을 보았을 뿐인데 그녀는 어지럽게 흩어진 세간살이로 그녀의 방에 홀로 남겨졌을 뿐인데 녹슨 경첩이 삐걱대는 소리, 까만 때로 얼룩진 스위치 주변의 벽지, 고인 물이 빠져나가지 못한 채 말라 버린 세면대, 창틀 위로 기어 올라가는 그리마 한 마리 그녀의 물성은 오랫동안 빈방을 빠져나오지 못했어 따뜻한 발바닥은 애초부터 존재하지 않았다는 듯 그녀의 차가운 발이 시트 밖으로 빠져나와 있었지 나는 침대 위의 그녀가 언젠가 맥주를 마시다 취한 눈으로 나를 바라보던 너의 자세를 닮았다고 생각했어 그녀는 가구가 옮겨지듯 몇 번의 손동작으로 쉽게 다른 칩으로 갈아 끼워졌다

누구와도 닮지 않았으나
모두와 닮은 한 사람이
그녀의 방문을 열고 들어왔다

눈물

눈물은 입술을 갖고 있다
눈물은 깃발을 흔들고 있다

눈물에는 맨홀이 있다
눈물은 달팽이관 속으로 스며든다

귀는 긴 교량을 지나간다
귀는 덩굴처럼 자란다
눈물이 덩굴을 뒤덮는다

감긴 눈동자에 서로 다른
두 개의 화면이 열린다
표정은 당신 등 뒤에 있다
표정은 당신을 응시한다

입은 당신을 향해 벌어져 있다
귀는 당신을 향해 열려 있다

시선은 먼 곳에서 움직인다

표정은 고수한다
당신은 두절된다

한 사람이 문을 닫고
사라진다

자신의 울음을
알지 못한 채

La Vie En Rose
—어떤 짐작에 관한 가설

  손가락으로 당신을 더듬는다 부스럭거리는 소리가 난다 손가락을 당신에게 밀어 넣는다 꺼지는 촉감이 발생한다 짐작은 손끝을 향해 간다 그러니까 이것은 검은 비닐처럼 당신을 덮고 있는 어떤 짐작에 관한 얘기다 감정 위에 닮은 꼴들이 돋아난다 닮은꼴들이 거리를 덮고 있어 당신은 좀처럼 약속 장소를 찾지 못한다 돌아오는 지하철 창에 밖이 사라진 당신이 서 있다 당신은 오직 안만을 가진 사람 당신은 장마의 인생을 타고 났어 점괘가 나왔을 때 당신은 장미의 인생으로 알아들었다 장미들로 가득한 눈부신 인생을 상상했다 당신이 카메라 앞에서 V 자로 치켜든 손을 흔들 때 마구간에는 말들이 가득하고 말들은 쉼 없이 오물 냄새를 배설했다 그곳에는 어김없이 장미의 점괘를 믿으며 드릴드릴 웃는 당신이 있었다 며칠째 당신의 침대가 비에 젖고 있다 당신의 젖은 두 발이 허공을 둥둥 떠다닌다 늙은 광인이 등불을 켜고 대낮의 거리를 활보한다 오늘은 등불을 켜기 좋은 날씨군요 광인이 다가와 내 귀에 속삭인다 오늘 당신의 광인 연기는 훌륭했어요 나는 당신의 귀에 속삭인다 이곳에선 희망도 광기의 일부죠 이곳은 정신병동의 확장판이니까 당신은 어떤 등불로도 대낮을 밝힐 수 없다는 진실을 폭로해 버린 광인 그러니 희망은 당신의 연기일

수밖에 모든 희망에는 팔 할의 광기와 이 할의 냉소가 섞여 있는 법이죠 오늘 아침 당신은 장미의 점괘를 뽑았어요 장마전선 위에서 뿌리째 뽑히는 도시의 환영을 봤어요 환영은 끈질기게 살아남아 이 도시를 지탱하죠 희망이 절망을 구축하듯 장마가 장미를 구축하듯 그러니까 당신은 당신이 뽑아 든 점괘의 운명으로… 그러니까 당신은 오문과 소문 사이의… 그러니까 당신은 당신이 짐작하는 장미의… 그러니까 그러니까 당신은…. 그러니까……

*늙은 광인이 등불을 켜고 대낮의 거리를 활보한다: 니체, 『즐거운 학문』 (안성찬·홍사현 역, 책세상, 2010, p.199)에 나오는 표현을 변용함.

당신의 디자인

너로부터 단호하게 분리되려는 의지처럼
빛은 긴 사선으로 허공에 걸려 있다
빛으로 쌓아 올린 지상 최대의 건축술
우리는 그 안으로 들어갔다

하루에 한 번 자신을 인정해 주는 것이 좋습니다 나는 가끔 나를 어떻게 읽을까 고민했어요 나에게 좋아하는 감정이 있다는 게 무서웠거든요 무서움은 모든 걸 삼켜 버리죠 좋아하는 감정까지도요 좋아하는 감정이 나를 입증한다 생각했어요 나는 나를 입증하기 위해 부재중인 당신에게 연락했죠 당신이 연락을 받지 않았으므로 나는 연락을 멈출 수 없었어요 그건 납득할 만한 상황이 아니었죠 당신에게 연락을 멈추지 않기 위해 당신은 계속 부재중이어야 했으니까요 나는 당신을 위해 가동되는 공장이 된 기분이었어요 당신을 좋아한다는 기분이 자꾸 생산되었죠 좋아하는 감정을 유지하면 의심이 사라지고 컨베이어벨트가 돌아가듯 경쾌한 기분이 되거든요 나는 그 기분을 위해 하루에 한 번 나를 인정하기로 했어요 의심은 자꾸 의심을 낳죠 자발성으로 채워진 하루는 당신으로 가득해요 나는 당신이 디자인한 거리를 걸어가고 있어요 나는 가끔 내가 사랑하는 것이 당신인지 나의 자발성인지 의심해요 부재하는 당신이 부재하는 나를 향해 걸어오고 있어요 당신의 등 뒤에는 무수한 빛의 알갱이들이 부서지고 있어요 나는 현기증으로 잠시 눈앞이 아득해져요 검은 두건을 쓴 한 무리의 남자들이 지붕 위에 앉아 있어요 두건 사이로 정오의 태양이 빛나고 있어요 검은 얼굴의 여인들이 굴뚝에서 나와 치마로 얼굴을 가린 채 내 옆을 지나갔어요 나는 제어할 수 없는 속도로 아이와 어른과 노인이 되어 갔어요 내가 컨베이어벨트가 된 기분이었죠 나는 왜 모든 시간이 그토록 무서웠던 걸까요 유어프라우드오브유 유어프라우드오브유 경쾌함을 잊지 마세요 부디 자신에 대해 생각하지 마세요 의심의 타깃이 되지 마세요 당신의 디자인을 사랑하세요 컨베이어벨트가 돌아가고 있어요 당신의 입술이 내 몸을 쓸어내리고 있어요 나는 자꾸만 잠이 쏟아져요 나는 불량품처럼 당신을 사랑할게요 하루에 한 번 당신을 사랑할게요 하루에 두 번 당신을 사랑할게요 당신과의 절멸을 위한 길고 아름다운 입맞춤을 준비할게요

손잡이

문손잡이에 손을 올려놓은 채
그는 허물어질 듯한 자세로
정지해 있었다
손잡이를 움켜쥔 손만 남겨 두고
그는 사라진 사람처럼 보였다

미용실에는 나른하게 말라 가는 머리 냄새
바닥을 시커멓게 뒤덮은 머리카락을
쓸어 내는 견습생의 초조

미용실이 문을 닫을 시간
견습생은 남자 친구를 만나러
바삐 골목을 달려가고 있었다
견습생이 생의 마지막 횡단보도를
전속력으로 달려가고 있을 때

마지막 손님을 보낸 후
미용실을 나오려던 여자는
뭔가에 걸린 듯한 느낌에
안에서 문손잡이를 힘껏 밀었다

여자는 녹슨 셔터를 내리고
빗물로 질척대는 어두운 골목을 지나
생의 마지막 귀갓길을 걸어갔다

제3부 장면 속에 끝까지 남은 자가 되어

사랑은 어떻게 시작되는가

사랑 안에서 몸이 **여기에** 있기 때문이다

나는 사랑을 말하지만
당신은 이별을 말하여요

사랑의 말은
이별의 형식

당신의 형식은 사랑보다 강하고
당신은 사랑을 시작하기 전
이별을 생각하는 나쁜 습관이 있다고
이별보다 두려운 건
이별 뒤에 남겨질 당신의 형식이라고

당신은 사랑을 시작한다고 말하는군요

그래요 당신이 떨리는 입술로
사랑을 고백할 때
당신의 형식이 시작되는 거니까

그것은 나귀를 타고 가며 흘리는 땀
나귀의 눈썹 위로 흩날리는 당신의 머리카락
나귀의 옆구리에 닿는 종아리의 감촉
부드럽고 따뜻한 나귀 등에서
느리게 출렁이는 엉덩이의 율동

당신은 나귀가 당신의 사랑이라고 말하려는 참이지요?

그런데 당신은 당신의 나귀를 본 적이 있나요?

사랑과 이별은 절룩거리는
두 개의 형식이 되어 걸어간다

당신의 손끝에서 떨리는
거울 속의 환영들
그곳에서 열리는 당신의 감은 눈

당신의 사랑은 어떻게 시작되었는가?

바람에 흔들리는 목초지의 민감한 풀들

깊고 고요한 저녁을 향해
느리게 닫혀 가는 여름날의 뜨거운 대기

당신의 등 뒤로 어두워지는
눈 덮인 야영지들

울퉁불퉁한 강바닥 위를
빠르고 느리게 흘러가는
모든 계절의 운행 속에서

*사랑 안에서 몸이 **여기에** 있기 때문이다: 미셀 푸코, 『헤테로토피아』, 이상길 역, 문학과지성사, 2014, p.39. 강조는 원저자.

팔월의 비

깨끗하게 닦인 유리 안에
진화한 어류들이 앉아 있다

소리가 소거된 바깥이
벽면에 걸려 있다

악천후가 계속된다
팔월은 지나치게 느린 속도로
이곳을 지나가고 있다

가까운 날씨와 먼 기후 사이

실내등 아래로 흰머리의 사람들이
수영장이 내려다보이는 창 쪽으로 걸어간다

스마트폰에 얼굴을 박고 키득거리며
우리는 어울리는 여름을 서로에게 골라 주었다

우기를 입에 문 검은 개가 지나갔다

전망 좋은 풍경을 양보하며
사람들이 서둘러 난기류를 빠져나가고

유리 조각이 흩어지듯 빗방울이 튀어 올랐다
유리 밖으로 한 아이가 지나갔다
나는 자전거를 끌고 가는 아이를 따라
차가운 한낮 속을 걸어갔다

웃자란 풀잎들이
종아리를 스치고 지나갔다
가속의 페달을 밟으며 들판 가득
풀잎들이 끌고 오는
무한의 빗소리

페달 위에 젖은 발을 올리고
살갗 위로 명료하게 쏟아지는

나는 이 엔딩이 몹시 낯익다고 생각했다

붉은 눈의 어류들이

유리의 이 끝에서 저 끝으로
헤엄쳐 갔다
헤엄쳐 왔다

나는 장면 속에 끝까지 남은 자가 되어
이토록 현실적인
팔월의 비를 바라보았다

흰 담비들은 수풀 속으로 사라져

*

물속에서 당신의 손가락은
부드럽게 굴절되지

물에 잠긴 당신의 두 발은
당신에게서 떨어져 나와
물의 말에 가만히 귀 기울이는
흰 담비들 같아

당신의 얼굴에는 날개를 접고 잠이 든
작고 귀여운 귀가 두 개나 있지

조금은 수줍게 부풀어 오른
당신의 두 귀는 아래로 향한 채
물을 내려다보고 있어

물에서는 소리가 나는데
왜 물속에는 소리가 없을까

당신은 물속에 웅크려 두 귀를 막고 있지
그러자 웅웅거리는 소리가 들리기 시작해
당신 귀에서 들리는 이 소리는
물소리일까
새소리일까
당신 몸속의 장기들이 내는 소리일까

당신이 이토록 조용한데
물속처럼 조용한데
장기들이 당신의 몸 안에서
움직이고 있다는 게 신기해

몸의 70퍼센트는 물이라니까
장기들도 당신의 몸 안에서 수줍게 부풀어 올라
부드럽게 굴절되고 있을까

**

둥글게 굽은 등을 수면 위에 내놓고
당신은 소리 없이 물속에 떠 있다

나는 당신의 두 발을 꺼내 신고
물 밖으로 걸어 나갔다

뜨겁게 달궈진 빌딩들 위에
부풀어 오른 장기들이 떠 있었다

나는 색색의 모자들이 떠다니는
흑백의 거리로 걸어갔다

멀리서 당신의 두 발이
수면 위로 떠올랐다

흰 담비들은 수풀 속으로 사라져
보이지 않았다

손가락 지도

구름이 수상한 수신호를 보내왔다 나는 구름의 수신호를 좇아 네가 사라진 길의 끝까지 걸어가 보았다 울타리 위에 풍선을 든 한 아이가 앉아 있었다 울타리 너머를 가리키는 아이의 손가락이 갈기처럼 흩날렸다 그것은 손가락으로 만든 지도였다 어디에도 없는 지도를 따라 나는 며칠 전 행장을 꾸려 집을 나선 네 그림자를 길게 잡아 늘였다 네 그림자가 허공으로 흩어지더니 금세 희미해져 갔다 풍선을 든 아이의 손을 잡고 나는 구름이 흐르는 방향으로 걸어갔다 멀리서 내 이름을 부르는 소리가 들려왔다 일렁거리는 얼굴들이 흐릿한 불빛 속에 모여 있었다 누군가 내 이마에 차가운 물수건을 올려놓았다 식구들이 울음을 끌어안고 밤 속으로 흘러가고 있었다 뜨거운 혓바닥이 식도를 타고 내려갔다 나는 식구들에게 물속으로 차가운 알약을 던지지 말라고 소리쳤다 내 몸속에 더러운 알약들이 떠다니게 하지 말라고 소리쳤다 너는 물로 가득 채운 배낭을 짊어지고 울타리 위에 앉아 있었다 새들이 구름 속을 날아와 내 이마와 어깨를 부드럽게 스치고 지나갔다 이것은 소멸이 아니야 울타리를 지나가는 바람이 속삭였다 그곳에서 너는 울고 있다고 했다 그곳에서 너는 춤추고 있다고 했다 나는 바람이 풀어놓은 숨을 깊이 들이마셨다 풍선을 든

한 아이는 풍선을 든 한 아이가 사라진 풍경 속에 서 있었다 어느 방향으로도 갈 수 없는 길이 모든 방향으로 뻗어 있었다 나는 손가락이 가리키는 지도를 따라 바람이 불어오는 방향으로 계속 걸어갔다

다섯 사람의 행인

세 사람의 행인이 무언가를 보고 있다

첫 번째 행인은 열렬히 갈구하는 표정이다

두 번째 행인은 경이로운 듯 온몸을 떨고 있다

세 번째 행인은 자애로운 웃음을 짓고 있다

네 번째 행인이 나타나 같은 곳을 바라본다

그는 학자풍의 얼굴을 하고 가는 눈을 뜬 채
골똘한 생각에 잠겨 있다

지나가던 다섯 번째 행인이 네 명의 행인을 바라본다

그의 표정이 놀라움으로 일그러진다

그는 네 명의 행인을 통과해 그들이 보고 있는
무언가를 향해 걸어간다

바로 무(無)를 향해

목각인형

一 그들은 그것을 향해 놀라는 표정을 지었다

그들은 그것을 향해 두려운 탄성을 내질렀다

그들은 그것을 향해 복종하는 몸짓을 했다

사람들은 그들을 보고 놀라는 표정을 지었다

사람들은 그들을 보고 두려운 탄성을 내질렀다

사람들은 그들을 보고 복종하는 몸짓을 했다

두 다리를 기역 자와 니은 자로 꺾은 목각인형들이
횡렬과 종렬을 자로 잰 듯
크고 밝은 홀을 가득 채우고 있다

그들의 눈에는 보이지 않는 앵글이
그들을 향해 돌아가고 있다

二 어떤 무섭고 단단한 침묵이

그들의 입을 봉쇄하고 있다

그가 두려움에 떨며 눈을 들었을 때
그 앞에는 정교한 문양이 새겨진 의자 위에
반들반들 윤이 나는 검은 목각인형이 앉아 있었다

새의 가면을 쓴 아이가 두 팔을 벌리고
비행기 소리를 내며 넓은 홀을 뛰어다녔다

테이블 위로 꺾어져 있던 몸을 일으켜
그가 홀 밖으로 걸어 나갔다

뒤를 돌아보았을 때
침울한 목각인형 하나가
앵글 밖으로 들려 나가고 있었다

그는 마침내 그가 꿈꾸었던
전면적인 실패에 이르렀다

그의 부고가 우리에게 도착하기 전

— 놀랍도록 싱싱한 그것이
　그의 몸을 빠져나갔다

챙 넓은 모자

그해 여름 여행지에서
챙 넓은 모자를 샀다

여행지에서 돌아온 후
모자를 장롱 위에 올려 두었다

말하자면 그것은 장롱의 모자가 되었던 것인데
장롱과 천장 사이
좁은 틈에 끼워 둔 모자를
나는 오랫동안 잊었었다

그해 여름이 지나갔다

모자는 어느 날
쓰레기통의 모자가 되었다
쓰레기를 버리러 갈 때마다
모자에 대한 기억이 되살아났으므로
모자는 다시 모자의 쓸모를 가지게 되었다

어느 겨울 아침

나는 모자를 눈사람에게 씌워 주었다

눈사람의 모자가 된 모자는
행복해 보였다

다시 여름이 오고
눈사람이 있던 자리에는
풀들이 무성했다

그해 여름 나는 여행지에 가지 않았다
나는 나의 모자가 어디서 왔는지 모른다

너는 풀밭에 앉아 있었다
넓은 모자챙 그늘이 너의 얼굴에
사선으로 드리워져 있다

넓은 챙이 바람에 흔들렸다
너는 손가락을 V 자로 치켜올렸다
너의 웃음이 풀밭 위로 퍼져 간다

뜨거운 햇빛이 쏟아지는 풀밭을 나와
우리는 다음 행선지를 향해 걸어갔다

핫초코와 아이스크림

핫초코 주문하는 것을 잊어버렸다
메모지에 적어 놓은 주문 목록에서
주문할 땐 보이지 않던 핫초코가 갑자기 튀어나왔다
배송 정보에는 이미 배송을 시작했다는 알림이 떠 있고
나는 잠시 주문하지 않은 핫초코를 생각하며 서성였다

내가 핫초코를 생각하며 서성이는 동안
아이는 아이스크림을 들고 길 위에 서 있었다
아이의 손에 들린 아이스크림은
뜨거운 햇빛에 녹아 아이의 손등으로 흘러내리는 중이다
아이스크림의 녹는 속도를 따라잡지 못한
아이의 얼굴에선 곧 울음이 터질 듯하다

주문하지 못한 핫초코와
녹아내리는 아이스크림 사이엔
어떤 상관관계가 있을까

이곳에 도착하지 않는 것과
잘못 도착한 것 사이

나는 핫초코를 다음 주문 목록에 남겨 두고 외출했다
손님이 우리밖에 없는 카페에서
우리는 최근에 시집을 낸 어느 시인에 대해 수다를 떨었다
나는 문득 다른 공간에 속한 누군가가
내 입으로 말하고 있는 듯한 기분에 사로잡혔는데
친구들이 아무 의심 없이 웃고 있었으므로
나는 그들이 아는 내가 나라는 믿음을
계속 유지하기로 했다

집으로 돌아왔을 때 문 앞에 택배 상자가 도착해 있었다
상자를 열자 주문한 물건들 사이에
핫초코가 얌전히 놓여 있었다
나는 상자 속에서 나를 바라보는
나보다 먼저 이곳에 도착한
낯설고 단호한 물체를 물끄러미 바라보았다

손등으로 흘러내린 아이스크림을 핥으며
문을 열고 나온 내가
핫초코가 든 상자를 힘껏 들어 올렸다

의자의 용도

빈방에 의자가 덩그러니 놓여 있다

오래전 의자의 용도를 잊어버린 의자

빈방의 의자는 졸다 깨기를 반복했다

빈방의 의자는 잊어버린 의자의 용도를
누구에게 물어볼까

의자는 가끔 자신이 의자로 불리던
시절을 떠올렸다
붉은빛 도는 높은 천장 아래
누군가의 의지로 뭉친 의자들이
줄지어 앉아 있었다

의자들은 쉼 없이 어딘가로 옮겨졌다

의자는 의자에 앉기 위해
의자의 용도를 상상했었다

어리석게도 의자는 의자의 얼굴을
정면으로 바라보려 했다

어리석게도 의자는 의자처럼 말하고
의자처럼 앉고
의자처럼 걸으려 했다

의자 옆에 의자를 위해 준비된
창이 있다

의자는 창을 열고
망자들의 숲으로 갔다

침엽수림처럼 빽빽한 의자들이
그곳에 모여 있었다

의자는 의자의 얼굴을
정면으로 바라보았다

슬리퍼

나는 그가 내일 이곳에 온다는 걸 알고 있다
전하는 사람도 없는데
저절로 알게 되는 소식이 있다

그와 심한 말다툼을 했다

당신은 밖으로 나가야 한다

그가 내게 말했다

당신은 내일 오기로 하지 않았나요?

그것은 당신 일이지 내 일이 아녜요
소식을 들은 건 당신 아닙니까?

자책은 내가 나를 벌하는 것이다
그의 소식은 더 이상 내게 전달되지 않는다

내가 나를 벌하는 이 방에는 출구가 없다

자책의 원룸들로 이어진 복도를 지나가는
선명한 발소리가 들린다
관리인의 발소리다
오늘 아침 이 건물의 관리인은
복도에 내놓은 내 슬리퍼를
원룸 안으로 들여놓으라고 말했다

딸깍 소리를 내며 누군가
슬리퍼를 들고 원룸 안으로 조용히
사라지는 소리가 들렸다

그는 이곳에 도착하지 않았다

거울의 얼굴

一   여자는 사막에 홀로 남아 있었다
    여자가 왜 그곳에 홀로 남겨졌는지는
    기억나지 않는다

    저 여자는 사막에 남겨진 게 아니라
    사막에서 태어난 거야

    거울이 내게 말했다

    여자가 사막이었지
    여자는 자신을 비춰 볼 거울이 없어
    사막을 자기라고 생각해 버린 거야

    마치 고양이를 죽어라 쫓아다니는 거북이처럼
    거북이는 태어나 처음으로 본 게 고양이였거든

    나르키소스는 연못에 비친 자기 얼굴을 잡으려
    연못으로 뛰어들었어
    그는 세상에서 나를 본 최초의 사람이었으니까
二 그는 다만 아름다운 한 청년을 사랑했을 뿐인데

하필 그를 처음 본 장소가 연못이었던 거지

넌 나르키소스의 사랑이 해피엔딩이라고 생각하니?
새드엔딩이라고 생각하니?

연못이 거울에게 물었다

그러니까 너는 엔딩에 대해 말하는 거구나
차라리 거울 속 저 여자가
사막에서 언제 벗어나게 될지 물어보는 게 어때?

고양이는 거북이에게 아무 관심이 없어
사실은 거북이가 그곳에 있는지도 모르지
거북이는 죽을힘을 다해 고양이를 쫓아다니지만
고양이는 그저 자신의 습성대로 움직일 뿐
사막과 연못이 자기 습성대로 그곳에 있는 것처럼

그러니까 해피와 새드는 습성의 문제일 뿐

넌 거울에 엔딩이 있다고 생각하니?

거울이 내게 물었다

사막에 홀로 남겨진 여자는
칼로 자신의 목을 찌르기 전
거울 속 여자를 바라보았다

마지막 빛이 그녀의 눈을 스칠 때
거울 속에는 아무것도 없었다

제4부 최면의 시간은 끝났습니다

한 사람

구름 속 물방울
물방울 속 바다

물방울을 투과해
이곳에 이른 빛

멀리 떨어져 있다고
느끼는 한 사람

범람하는
강타하는
난파하는

이토록 혼자인
이토록 희박한

한 사람

구름과 재
재의 불

카운트다운

一

링 위의 토끼들이
카운트다운을 기다리는 오후

입안에서 박하향의 거품들이
부글대고 있어요
부드러운 공황장애에 잘 익은 바람을
섞어 마시는 해변의 레시피

호텔 로비에서 오래된 노래가 흘러나와요
우리는 흐느적대는 가수를 따라
밤의 곤돌라를 타고
길고 긴 여름의 해협을 지나갔어요
나는 얼굴이 지워지도록
당신을 웃기려 최선을 다했죠

당신이 혀를 내 입속에 걸어 두었어요
커다란 거미 한 마리가
등줄기를 타고 내려갔어요
이 기분의 유일한 단서는
당신의 파안대소인데요

二

파안대소 뒤에 남은
수습 불가의 서늘한 표정인데요

뜨끈하고 이상한 기분의
카운트다운이 시작되려 해요

당신과 나는 해변으로 난
커다란 창가에 앉아 있어요

당신과 나는 푹신한 양탄자 밑에
서로의 발자국을 숨겨 두었죠

토끼들은 링 위에 있고
우리는 해변의 일몰을 따라
사진 찍기 좋은 장소를 찾아갔어요

하늘에서 커다란 돌이 빛날 때
나는 역광 속에서 입이 귀까지 찢어진
당신의 미소를 보았어요

렌즈와 파동

저작에 몰두한 당신의 얼굴을 유심히 본 적이 있어
나의 렌즈는 꿈틀거리는 당신의 입술을 끈질기게 보여줬지
당신의 얼굴에 들러붙은
당신이 먹으려는 것들로 더러워진
낯선 물체를

어떤 철학자는 입을 우리 몸이 가진 또 다른 항문이라 했어
씹고 삼키고 토하는 항문
아닌 게 아니라 나의 렌즈 속에서 꿈틀거림을 계속하는
당신의 입술은 항문처럼 보이기도 해

렌즈로 우리 몸을 확대해 보면 재미있을 거야
이를테면 문을 열고 들어갈 때 당신 손은 어떨까

오른손 엄지와 검지, 중지가 둥글게 구부러지며 문손잡이를 잡았다 구부러진 손가락들이 악력의 강도를 높이며 문손잡이를 단번에 90도가량 오른쪽으로 비틀었다 구부러진 각도를 유지하며 손가락들은 문손잡이를 앞으로 끌어당겼다 손가락들은 구부러진 각도를 풀며 당신의 옆구리에

단정하게 자신을 내려놓았다 오른쪽 무릎을 부드럽게 꺾어 올리며 당신은 문안으로 걸어 들어갔다

  렌즈를 들이대면 우리 몸은 기괴한 움직임들로 가득해
  꿈틀거리고 씰룩거리고 깜빡거리고 벌름거리고 오물거리고 까딱거리며
  굽혔다 펴짐을 계속하는 이 움직임을 뭐라 말해야 할까

  당신의 입은 뭔가를 뱉어 내는 일에도 열심이지
  나의 렌즈는 말을 뱉어 내는 당신의
  또 다른 입술을 비추고 있어
  쉼 없이 움직이는 입술이 당신의 말을 돕고 있는
  이 장면은 현재형이야

  이 순수한 현재형의 렌즈 속에서
  나의 고막에 닿는 것은
  오므렸다 펴지고 닿았다 떨어지는
  두 입술의 떨리는 파동일 뿐

  렌즈를 버리고

나는 쏟아지는 당신의 날 선 말 앞에
조용히 앉아 있어

와글거리며탕탕거리며깔쭉거리며데굴거리며
내게로 흘러오는 당신의 낯선 파동

부두

창밖에 예인선이 정박해 있는
부두가 보였다

그는 취한 얼굴을 창밖으로 내밀며
알 수 없는 말을 중얼거렸다

그가 부두로 걸어 나갔다

나는 니가 상상한 존재일 뿐이야

나는 너를 상상한 적 없어

너는 니가 상상하지 않았다고 상상하는구나

창밖으로 예인선이 사라진
텅 빈 부두가 보였다

화창한 날씨가 계속되었다

모래 운반선이 느리게 부두를 향해 다가왔다

투명한 촉각

一 유리에 비친

   그것은 말할 수 없이
   투명한 촉각이었다

   한 사람이 모래 속으로 들어갔다
   유리 안의 한 사람이 그를 따라갔다

   뜨거운 모래에 덮인
   발과 발

   아주 가까이 놓인
   두 개의 호흡

   먼 곳에서 시작되는
   구름의 이동

   유리로부터 떨어져 나온 발이
   해안의 떨리는
二 눈꺼풀 위를 달려갔다

따갑게 솟아오른 웃음이
발들의 윤곽을 지워 버렸다

촉감조차 사라진
무한의 투명

말할 수 없는
일치였다

옥상의 날들

一
내가 처음 너의 이름을 부르는 소리를 들었을 때
너는 서둘러 나를 향해 응답했었다
뒤를 돌아봤을 때 나는 이미 사라지고
너는 내가 늘 사라지는 방식으로
너에게 도착한다는 것을
뒤늦게 기억해 낸다

너는 나를 스쳐 갔던 순간들을
기억해 내려 애썼다
네가 기억할 수 없는 날들 속에서도
너는 언제나 나를 부르고 있었을 테지만

너는 너를 나라고 부르지
나는 나를 나라고 불러
세상에는 이렇게 많은 내가 있는데
모두가 나인데
그토록 많은 내가
네게는 늘 부족했었다

二
너는 너를 버리고 싶을 때도

너는 너를 지우고 싶을 때도
나의 이름을 부를 수밖에 없지
너를 나라고 부르는 사람은
나밖에 없으니까
너는 나의 밖
어디에도 없으니까

네가 나의 이름을 사용하는 동안
나는 네가 옥상에 덩그러니 올라앉은
옥탑방 같다고 생각했어
그곳엔 너를 부르는 나 말고는
아무도 없었거든

나를 떠나기 전
너는 옥상을 올려다보는 나를 향해
고독한 표정을 지어 보였다
네게 단 하나밖에 없는
나의 용도를 확인하듯

너는 그렇게

— 옥상의 절벽처럼
나를 견디며 서 있었다

—

올가미

의사가 말했다

당신 기억의 가장 아래 칸을 열어 보세요

나는 자궁 안에 있었고
길고 뾰족한 무언가를 보았고
나는 나를 쫓는 그것을 필사적으로

그러나 자궁 안에는 달아날 곳이 없었다
나를 발생시킨 최초의 올가미처럼

어떤 기억은 실화처럼 생생해
왜 하필 그때 그것이
내 눈을 찌르는 장면을
나는 보고야 마는 걸까

이것은 최면입니다
당신이 내게 건
내가 당신에게 건

모든 배우는 자신을 첫 관객으로 맞아들이지
모든 일기가 그것을 읽는 너를 상상하듯

상상의 올가미에 사로잡혀
나는 너를 향해 다가갔었다
나는 너를 상상했으므로
오직 상상을 통해서만
네게 닿을 수 있었으므로

네게서 어떤 회신도 오지 않는 시간
나는 네게 보낸 문자 옆 사라진 1을 본다
나를 읽은 저 뾰족한 1은 누구였을까

나는 내가 보낸 문자 옆 사라진 1이
나인 것만 같다
내가 알 수 없는 곳에서 필사적으로
나를 쫓고 있는 나인 것만 같다

이건 마치 내가 상상한 내가
나를 상상하는 기분이랄까

꺼진 화면 속에
태아 형상의
올가미가 떠 있다

액정에 길게
금이 가는 소리가 들렸다

최면의 시간은 끝났습니다

의사가 말했다

당신 기억의 가장 아래 칸을 닫으세요

SOLD OUT

누군가 당신을 팔아넘기고 있어

아무리 그라 해도 이건 너무한 거 아닙니까?

등 뒤에서 당신이 소리쳤다

당신의 항변은 왜 늘 희극적으로 들리지?

꿈속에서 내가 큭큭거리며 당신의 항변을 받아 적었다

그들이 그곳에서 대신 꿈꾸고 있었으므로

그들이 그곳에서 대신 항의하고 있었으므로

나는 메피스토펠레스보다 파우스트가 더 나쁜 사람이라고 생각합니다만

어떤 철학자는 독선이 인간의 가장 큰 악이라고 했다죠

우울한 당신에겐 미래가 필요해요

파우스트가 속삭였다

미래를 사기 위해 그들의 중고 사이트를 방문했을 때

내가 사려는 모든 미래에는

SOLD OUT이라는 문구가 내걸려 있었다

피할 수 없는 당신의 희극처럼

조용한 상자

상자가 된 일인칭을 생각했다
상자의 물성을 망각한
침묵에서 침묵으로 이동하는
x축과 y축 사이에 부유하는
희미한 연속무늬로 나타나는

상자와 함께 있으면
보호받는다는 느낌이 들어
어쩌면 상자는 상자를 보호하는 걸까?
상자가 없으면
일인칭이 사라질 것처럼
언제든 두드릴 수 있는 문이
그곳에 있는 것처럼

상자가 건네는 손을 잡고
일인칭이 일어섰다
상자가 축 늘어진 일인칭의
팔과 다리를 움직였다
상자 안에는 젖지도 흐르지도 않는
비가 내렸다

일인칭은 그것을 너라고 생각했다

너를 부르자
희미한 연속무늬들이 출렁였다
일인칭은 너의 손을 잡고
연속무늬들의 기상학 속으로 걸어갔다
너무 많은 날씨와
너무 적은 날씨가
상자의 시간을 지켜 주었다

두 사람의 이야기는 매일 속도가 달라진대

그런데도 둘이 같은 상자 안에 있는 게 신기하지 않니?

신기하다고 생각하니
매일 보는 내 얼굴도 낯설게 느껴져
오래전 우주정거장에 갔던 사람이
지구로 돌아오는 길을 잊어버린 것처럼

상자 안에서 이야기가 자라나는 속도

불안이 상자 안에 봉인되는 속도

무섭고 조용한 이야기가
시작되고 있어

상자를 열면
상자를 열면

벚나무의 시간

끝이 보이지 않는 벌판이었다
그들은 영원히 끝나지 않을 식사를 했다
쉴 새 없이 고기를 뜯고
발라진 뼈들로 고기들의 영혼을 기리는
높은 신전을 쌓아 올렸다
신전의 제사들이 피워 올린 검은 연기가
신의 트림을 알리듯
벌판 위로 낮게 퍼져 나갔다

우리가 쓰는 말에는 왜 쌍니은과 쌍리을, 쌍미음, 쌍이응이 없을까?
식사를 마친 후 벚꽃 핀 산책로를 걸을 때
그가 문득 이런 말을 던졌다
그건 우리 철자 체계의 중대한 결핍처럼 느껴져
만약 쌍니은과 쌍리을, 쌍미음, 쌍이응만 먹는 생명체가 존재한다면
그 생명체는 굶주림으로 멸종되고 말았을 테지

내가 노트에 ㄴㄴ ㄹㄹ ㅁㅁ ㅇㅇ라고 적자
그가 이건 어때? 하며

뽀 쎄 이 뙤 쏘 뷇
을 적어 내려간다
뭔가 빠진 게 있지 않니?
맞다, 쌍히읗!
우리는 갑자기 유쾌해져
서로의 얼굴을 쳐다보며 ㅎㅎ 웃었다

발성은 언어에 담기고
언어는 발성을 규제한다

벚나무 밑 벤치에 앉아
우리는 입을 괴상하게 비틀며 노트에 적힌
철자들을 발성해 보았다

꽃들의 자지러진 웃음이
머리 위로 쏟아졌다

봄날의 투명한 대기 속으로
초식동물 두 마리가 어슬렁거리며 걸어갔다

멸종되지 않은 충만이
벚나무의 시간을 지나가고 있다

당신의 모자

一   나는 잠시 나의 모자를 빌렸었다

풍문의 실로 짠 바람처럼
입에서 입으로 전해지는 구비문학처럼
나의 모자는 수많은 이본들을 달고
사막과 극지의 차가운 밤들을 돌아다녔다

어떤 모자는 고가에 팔리고
어떤 모자는 시궁창에 버려졌다

스토리가 세상을 구한다!

스스로 미래가 된 선지자가
길 한가운데서 외치고 있었다

너의 스토리를 나에게 팔렴

나에겐 스토리가 없었으므로
모자의 수많은 이본들 중 하나를
二   당신에게 넘겼다

나는 마침내 나의 스토리를 갖게 되었다!
나의 모자를 당신에게 소개할 자격과
당신의 모자를 잠시 빌려 쓸 자유를

당신에게 빌린 모자를
영영 잊어버릴 자유를

아침에 눈을 떴을 때
모자가 머리 위에서 부드럽게 말을 건넸다

이것은 오직 당신만을 위한 모자야

나는 오랜 이본의 삶을 빠져나와
나의 스토리를 향해 걸어갔다

나와 같은 모자를 쓴 선량한 이웃들이
경쾌한 아침 인사를 건네며
나를 스쳐 갔다

우리

一　처음에는 셋이었다

　　잠시 후 넷과 다섯이
　　우리에 합류할 예정이었으므로
　　우리의 규모는 계속 확대될 전망이었다

　　울긋불긋한 깃털에 덮인 새가
　　허공에 걸려 있었다

　　우리가 동시에 떠들기 시작했다
　　듣는 입과 말하는 입이 뒤얽혀
　　여러 개의 머리가 달린 괴물이
　　우리의 형상에 합류했다

　　새가 철창에 날개를 부딪히며
　　사료 그릇으로 내려앉았다

　　나는 빈자리를 찾아 두리번거렸다

一　새가 사료 그릇 위에서 날개를 퍼덕거렸다

사료가 사방으로 흩어졌다

우리의 형상이
우리를 점령했다

부리에 물을 머금은 새가
허공을 향해 고개를 치켜들었다

나는 자꾸 나의 빈자리와 부딪혔다

모이라

그녀는 한발 늦거나
한발 먼저 그곳에 도착해
우리를 기다리고 있었다

그녀는 우리가 선물한
흰 장화를 신고 있었다

그녀는 멀리서 말하고
멀리서 웃었다

통증처럼 검은 비가 내렸다
통증 때문에 우리는
그녀와 가까운 사람이 된다

우리의 일상은 먼 곳에서 움직이는
그녀의 기척을 듣는 것
꺼지지 않는 그녀의 불멸에
불면의 스위치를 달아 주는 것

그녀가 노래하면

우리는 춤을 추네

검은 비가 랄랄라
우리의 즐거운 통증을 적시네

통증으로 뜨거워진 머리를
우리는 발 대신 검은 비가 출렁이는
그녀의 장화 속으로 밀어 넣네

그곳에는 흰 장화를 신은 그녀가 있고
우리에게는 어디로도 갈 수 없는
검은 날들이 있었다

*모이라: 운명을 뜻하는 그리스어. 그리스 신화에 나오는 운명을 관장하는 세 여신을 지칭하기도 한다.

해설

여성성의 한 측면: 소외 속의 도착이 노리는 것

정과리(문학평론가)

이 시집이 보여 주는 격정적인 드라마에서 그 단계는 명확히 분절되지 않는다. 그것들은 중첩된 모양을 이루고 있다. 그것은 드라마의 각 단계가 매우 끈질긴 지속성을 가지고 있다는 것을 가리킨다. 이 점을 염두에 두고 시집을 읽어 보기로 하자.

1. 무섭고 조용한 이야기
때로 금을 긋는다는 것은 하나의 선택이다. 박혜경의 경우가 그렇다. 무슨 연유에서인지는 불확실하나 그는 현실과의 결별을 마음속으로 선언한 상태다. 그것은 그의 장소, 포즈, 표정 그리고 발언에 배경복사처럼 흩어져 있다. 가령, "커튼이 영원히 걷히지 않는/작은 오두막"이 그런 장소이다(「항로를 그리던 시간」).

네가 나의 이름을 사용하는 동안

> 나는 네가 옥상에 덩그러니 올라앉은
> 옥탑방 같다고 생각했어
> 그곳엔 너를 부르는 나 말고는
> 아무도 없었거든
>
> ―「옥상의 날들」부분

에서의 '옥탑방'도 마찬가지다.

혹은 이런 자세를 보라. 그는 "눈을 감고 있으면/아무 일도 일어나지 않은 것 같은/그 기분이 좋았다"고 말한다. 게다가 "눈을 감고 있는 동안/나는 살아 있어"라고 생각한다.(「x」)

또한 이런 시구에서 말의 정지를 시인은 이렇게 표현한다.

> 비로소와 마침내는 다른 말일까 같은 말일까
>
> (중략)
>
> 두 문장 사이에는 어떤 정전이 있다
>
> ―「정전」부분

이 시에서 '정전'은 일상적 존재들에게는 겪고 싶지 않은 곤란한 사건이다. 즉 "휴대폰 불빛으로 얼굴을 밝힌 사람들", "멀리서 보면 구조를 기다리는 한 무리의 짐승들 같"은 존재들을 "상상하기란 쉽지 않"은 일이다. 그런데 시의 화자는 바로 일상적 존재들이 달갑게 여기지 않는 사태를 적극적으로 저의 사건으로 받아들인다. 이때 시의 화자에게 '정전'은 현실에 대한 환멸과 현실로부터의 탈출 사이에 놓여 있는 모종의 결단 같은 것이 된다. 이 결단 비슷한 것이

    비로소 너는 이곳이 어디인지 알게 되었다

    마침내 너는 이곳을 떠나려는 결심의 무모함을 이해하게 되었다

—「정전」 부분

에서 표현된 대로 '비로소'와 '마침내' 사이에 일어난 근본적인 변화 같은 걸 암시하는 것으로 보인다. 하지만 일단은 그의 '정전'에 주목하기로 하자.

  이 결별의 의지를 실행에 옮기는 까닭은 무엇인가? 다시 말해 시인은 왜 현실의 무대에서 떠나려 하는 것일까?

  실제로 그는 현실 안에서의 존재의 욕구가 남다른 편이다. 그가 현실을 벗어나려 할수록 그는 현실에 거주하는 다른 타인을 불러들인다. 가령 다음과 같은 구절을 보자.

    너를 부르자
    희미한 연속무늬들이 출렁였다
    일인칭은 너의 손을 잡고
    연속무늬들의 기상학 속으로 걸어갔다
    너무 많은 날씨와

너무 적은 날씨가

상자의 시간을 지켜 주었다

—「조용한 상자」 부분

이 시구에서의 '너'는 그가 희망하는 장소의 영주민이 아니다. 그게 아니라 화자 '나'는 '상자'와의 동행을 꿈꾸는데, '너'는 화자를 대리하는 '일인칭'과 함께 "연속무늬들의 기상학 속으로 걸어 [들어]갔다." 그렇게 해서 둘은 "같은 상자 안에 있"게 되었다.

그러니까 애초의 마음속에는 현실의 전면적인 거부는 존재하지 않았다. 그는 환경으로서의 현실은 부정하였다. 그러나 현실의 존재들에 대해서는 동반자로 인정하고 있었다. 즉 현실에서 꿈의 장소로 이동하는 과정에는 애초엔 단절이 없었다. 그럼에도 불구하고 그런 의지의 실행이 결국 단절로 귀결한다는 건 무엇을 말하는가?

일단 그의 현실로부터의 '정전(꺼짐)'은 두 단계에 걸쳐 일어난 것으로 생각할 수 있다. 첫 번째 단계는 다음과 같이 구성된다.

① 현실(떠나고 싶은 곳) vs 지향하는 장소
현실의 반영물로서의 인간들 vs '나' + '너'(현실 안에서 '나'와 공감하는 이)

그런데 두 번째 단계에서는 이렇게 변화한다.

② 현실 + 지향 장소 vs '나' + '너'의 보존 구역

유사한 구성 같으나 근본적으로 다른 게 있다. ①에서는 현실과의 단절과 연속이 중첩되어 있다. 반면 ②에서는 연속이 사라지고 단절만이 존재한다. 그런데 문제는 지향하는 장소가 부재한다는 것이다. 그 때문에 '나'와 '너'의 보존 구역은 현실 안에 머물러 있되, 현실 존재들의 눈에 띄지 않게 모종의 방식으로 접혀져 있다. 이 시에서는 '상자'가 바로 그 접힌 형상을 가리킨다. 그 상자는 '나'와 '네'가 현실에 저항하는 온갖 계책이 꾸며지는 장소이다. 그래서

상자 안에서 이야기가 자라나는 속도
불안이 상자 안에 봉인되는 속도

무섭고 조용한 이야기가
시작되고 있어

—「조용한 상자」 부분

2. 가방은 여행의 형식 안에 있었다

이 "무섭고 조용한 이야기"가 시작되기 전에 무엇이 있었을까? 다음 시구에 단서가 있는 듯하다.

나는 당신에게 어떤 존재였을까요
당신에게 내가 필요했던 것은

> 내가 당신이 부재하는 시간 속에 있었기 때문이 아니었을까
> 라는 생각이 들어요
> 당신의 부재에 길들여지며 나는 더욱 생생해졌죠
> 그것은 마치 당신과 함께 항해를 준비하는 기분이었어요
> ─「항로를 그리던 시간」부분

'나'와 '당신', 혹은 '나'와 '너'. 이것은 이 시집의 기본 관계 형식인 듯하다. 요컨대 이 시는 묘사시가 아니다. 연시이고 '아가(雅歌)'이다. 그러니까, 모두에서 이 시집의 기저동기를 '현실과의 결별'이라고 보았다면, 이는 '사랑 관계의 변화'라고 옮겨도 무방할 것이다. '단절'이 아니라 '변화'라고 한 까닭은 '당신' 혹은 '너'와 결별하는 게 아니라, 관계 형식을 바꾸는 일이라고 짐작하기 때문이다. 그런 짐작을 하게 한 게, 앞에서 읽은 「조용한 상자」의 사건이 "연속무늬들의 기상학"이라고 제시되었다는 점이다.

> 너를 부르자
> 희미한 연속무늬들이 출렁였다
> 일인칭은 너의 손을 잡고
> 연속무늬들의 기상학 속으로 걸어갔다
> ─「조용한 상자」부분

이 시구는 방에 누워 천장의 사방연속무늬를 보는 광경을 연상하면 금세 이해가 된다. 부재하는 '너'를 그리면서

천장을 보고 있으면 무수한 생각의 고속도로가 끊임없이 분기한다. 단 '상자'는 '방에 갇혀 있음'과 동일한 형태를 취하면서 폐쇄성을 내밀성으로 바꾼 것이라 볼 수 있다. 이때 '상자'는 블랙박스로 기능한다.

다시 「항로를 그리던 시간」으로 돌아가 보자. 방금 인용한 시구는 떠나간 '당신'을 회상하는 실연 상황을 보여 준다. 그런데 제시된 상황은 통상적이지 않다. 실연에 대한 반응은 두 가지로 예상할 수 있다. 하나는 떠나간 사람에 대한 미련을 버리지 못하는 경우다. 물론 그 양상은 아주 다양하다. 다른 하나의 반응은 떠나간 사람의 장도를 축원하는 경우다. 이상하지만 한국의 시, 노래에 아주 많다.

박혜경 시는 이 두 반응 어디에도 해당하지 않는다. 시의 화자는 "당신의 부재에 길들여지며 나는 더욱 생생해졌죠"라는 도발적인 발언을 하고 있다. 이런 태도의 원인은 무엇인가? 그 앞을 읽으면 이해할 수 있다.

> 난 의미 있는 삶을 좇았어요
> 당신을 찾아서
> 당신과 늘 함께하는 삶을 꿈꾸었지요
> 의미란 내게 그런 것이었으니까요
> ─「항로를 그리던 시간」 부분

'당신'이 초점이 아니라 "의미 있는 삶"이 초점이다. '당신'은, '나'와 함께한다면, 그 "의미 있는 삶"을 달성할 수 있는 자로 가정된다. 그러나 '나'의 추구를 '당신'은 이해하지 못했던 듯하다. 그것은 일상인의 눈으로 보면, "있는 듯 없는 듯 모호한/신비롭지만 공허한" 짓에 불과하다. 여기에서 '당신'은 둘로 갈라진다. 현실의 '당신'과 '내'가 그리는 '당신'으로. 현실의 '당신'은 "의미 있는 삶"을 이해하지 못하는 보통 사람이다. 그렇다면 '당신'은 '나'에게 합당하지 않다. '당신'이 '나'를 떠날 게 아니라, '내'가 '당신'을 떠나야 하는 것 아닌가? 그러나 '나'는 그렇게 하지 않는다. 시의 화자는 '당신'의 부재(혹은 떠남)를 그대로 두고, 이것을 진정한 '당신'이 지금 없다는 논리로 연장한다. 즉 '당신'의 부재가 진정한 '당신'의 존재에 대한 증거가 되는 것이다. 그래서 '나'는 '당신'을 찾아 나설 당당한 이유를 갖게 되는 것이다.

여기에서 현실과의 결별은 진정한 세계를 찾기 위한 가장 확실한 바탕이 된다. 이쯤에서 독자는 도스토옙스키가 「백야」에서 제사로 내걸었던 투르게네프의 시구를 떠올릴 법도 하다.

> 그리고 그게 그의 행복이 아니었을까?
> 오로지 한순간이나마
> 제 심장의 내밀한 요청에 따라 사는 것[1]

---

[1] Fyodor Dostoeïvsky, *Les nuits blanches*, traduit par Ely Halpérine-Kaminsky, Paris: Plon, 1952(1848).

그렇다면 박혜경 시의 출발점을 '무의미한 세상으로부터의 출분'이라는 태도라고 할 수 있을 것이다. 그래서 그는 이미 출발해 있다. 배가 떠나지 않았어도 그는 떠나고 있는 중이다.

>가방은 여행의 형식 안에 있었고
>출발은 다만 지연된 것일 뿐이므로
>―「진흙으로 만든 배 한 척」 부분

여기에서 세상이 무의미한 까닭이 무엇인가라는 질문은 동어반복의 회로에 갇혀 있다. 어쨌든 시인은 현실 너머로 가려고 결심한 것이다. 독자의 입장에서는 그런 결단의 배경에 대해 세상에 난무하는 각종의 대답을 끌어올 수도 있으리라. 중요한 것은 이런 출분의 정당화가 어떤 세계를 찾아낼 수 있을 것인가라는 점이리라. 그 점에서 박혜경의 시는 매우 신중하게 모색한다.

출분은 모험을 요청한다. 모험은 위험한 것이다. 따라서 그런 의지가 죽음충동을 불러일으키는 것은 자연스러운 일이다.

>떨리는 입술 사이로 너의 마지막 말이 흘러나오는 시간
>쉰여덟의 너는 겨울 해변을 향해 차를 몰고 있다
>
>너는 차가운 해변에 홀로 누워 있다
>―「감은 네 눈동자 속으로」 부분

이 시구는 시인 자신의 얘기를 그대로 진술한 것으로 짐작된다. 화자는 과거를 회상하는 자신을 '너'로 상대화하면서, 그 회상을 들은 후, 생을 마감한다. "이걸로 충분해"라는 마지막 말과 함께.

그랬는데 어느새 시인은, 최소한 그의 페르소나는 새로운 삶을 향해 항해를 떠나고 있는 것이다. 그게 어떻게 가능했을까?

그 첫 번째 단계에 하나의 발견이 있다.

> 빈방은 아무것도 하지 않았는데 늘 뭔가를 하는 듯 보였어요
> ―「그녀의 방」 부분

그는 빈방에서 빈방 자체의 움직임을 감지한다. 그 움직임은 무엇인가? 실망스럽게도 그것은 빈방에서 쓰레기가 쌓이는 과정이었다. 열역학 제2법칙, 즉 엔트로피 증가의 법칙은 자연의 사안이지, 의지의 문제가 아니다. 그러니까 시의 화자는 착각한 것이다. 그러나 그 착각은 화자의 뇌리에 심어지면서 반동 작용을 유발한다.

이 반동 작용에 대한 두 개의 지지대가 있다. 하나는

> 멸종은 탈출이야
> 틈은 어디에나 있어
> 틈은 빛을 만들지
> ―「자연사박물관」 부분

에서 표현된 바와 같은, 멸종 → 세상의 일부가 지워짐 → 빈틈의 발생 → 세상 바깥으로의 탈출이라는 알고리즘이다. 다른 하나는 이 알고리즘의 연장선상에서, 현실 속 존재를 '나'의 편으로 만드는 마술적 연산식이다. 가령 다음과 같은 시구를 보자.

> 누군가 허공을 향해 휴대폰 불빛을 흔들고 있다
>
> 불빛 뒤의 얼굴은 꺼져 있다
>
> 형체만 남은 이것을 너라고 부를 수 있을까
>
> 어둠은 절벽을 감추고
>
> 절벽은 어둠을 감추고
>
> 어둠이 지운 그것을 언제든 살려 낼 수 있는 불빛을
>
> 너는 갖고 있다는 듯
>
> 우리는 믿기로 했다
> ―「정전」 부분

이 시구에서 정전은 일종의 현실의 현상학적 환원을 가

져온다. 정전이 발생한 상황에서 "누군가 허공을 향해 휴대폰 불빛을 흔"든다. 이 사람들은 애초에 "휴대폰 불빛으로 얼굴을 밝힌 사람들"이라고 명시되었었다. 그러나 그들은 실제 보이지 않는다. 불빛만이 흔들린다. 흔들리는 불빛은 생의 우발적인 가능성으로 제시된다. 그 가능성 속에서 사람들은 지워진다. 그들은 본래의 성격과 형체를, 시인의 특유의 표현을 빌면 '물성'을 잃어버린다. 그러나 휴대폰 불빛을 흔드는 자는 여전히 존재한다. 바로 그것이 그들을 가능성의 질료들로 변환한다. 어둠 속에서 꿈틀거리는 자가 되는 것이다. 이때 그 존재는, "어둠이 지운 그것을 언제든 살려 낼 수 있는 불빛을/너는 갖고 있다는 듯" 여겨지고, 바로 그것 때문에 "우리는 믿기로 했다".

이러한 연산식을 이렇게 표현할 수 있다.

$A + x = -A \cong$
보이는 현실 + x(정전) = 안 보이는 현실 $\cong$
상투적인 현실 + 정전 = 새로운 현실의 가능성

이는 에라스무스가 장식과 위선으로 가득찬 중세에 '광우(狂愚)'를 집어넣음으로써 세상 전복의 가능성을 발견하는 것과 같다. 인격화된 '광우'는 이렇게 말한다.

나 없이는 어떤 사회도 흥미를 갖지 못하며, 어떤 관계도 지속되지 못한다오. 민중은 저의 왕자를 그렇게 오랫동안 참아 내지 못할 것이며, 하인은 저의 주인을, 하녀는 저의 안주인을, 학생은 선생을, 친구는 제 친구를, 부인은 남편을, 직원은 사장을, 동지는 제 동지를, 방문객은 초대자를 견디지 못할 것이오. 그들이 환상 속에서 서로를 지탱하고, 서로의 거짓을 통해 아첨과 신중한 협잡과 우매의 꿀을 멍한 정신으로 나누지 않는다면 말이오.[2]

바로 '광우'라는 매개물을 통해서 에라스무스는 중세의 권위적 신정 사회를 한순간에 나락에 빠뜨릴 수 있을 뿐만 아니라, 그 광경을 통쾌히 즐길 수 있다는 것을 간파해 낸 것이다.

3. 도착(倒錯)은 대상을 통해 무언가를 꾀한다

이 알고리즘의 착상은 의외로 간단하다. 그것은 거꾸로 생각하여, '거꾸로'에 해당하는 하나의 물질을 찾아 적용하는 것이다. 그러니까, 이것은 '도착(倒錯)'에 해당한다.

도착은 박혜경 시의 기본 형태에 해당한다고 볼 수 있다. 가령 다음과 같은 구절을 보자.

> 유리로부터 떨어져 나온 발이
> 해안의 떨리는
> 눈꺼풀 위를 달려갔다
> ―「투명한 촉각」 부분

---

[2] Erasme, *Éloge de la folie*, Paris: Flammarion, 1964(1511), p.31.

풍경은 유리에 비친 해안이다. 유리에 비치는 것을 본다는 것은 '반대로', '거꾸로' 본다는 뜻을 함의한다. 그랬더니, 해안이 눈꺼풀이 되고 '내' 발이 그 눈꺼풀 위를 달린다. '나'의 눈꺼풀 아래에 해안이 죽 이어진 것이 아니라, 그 반대인 것이다. 이것이 도착이다. 이 도착의 기능은 무엇인가? 그냥 보면 해안은 죽 펼쳐져 있거나 좌에서 우로 죽 이어져 있다. 그러나 도착된 심성으로 보면 눈꺼풀 위를 '내'가 달려가면서, 해안의 눈꺼풀을 자극한다. 즉 '나'에게는 운동을 부여하고 해안에는 인식을 제공하는 것이다.

이로 볼 때 박혜경의 도착은 생성적이다. 무언가를 만들어 내기 위해 의식적으로 고안된 것이다. 실로 에라스무스에게 도착이 풍자의 한 방식이라면 박혜경에게는 생존의 관건이라고 할 수 있다. 즉 박혜경에게 이 도착은 필사적이다.

> 너는 그렇게
> 옥상의 절벽처럼
> 나를 견디며 서 있었다
>
> ―「옥상의 날들」 부분

라는 진술이 그 상황을 그대로 전달한다.

프로이트에 의해서, 신경증, 정신병과 더불어 핵심적인 정신질환에 포함된 '도착'은 앞의 두 개념에 비해 특별히 "'사회적 규범'에 대한 반발에 연결된 것으로 파악"된다.[3]

---

[3] Elisabeth Roudinesco et Michel Plon, *Dictionnaire de la psychanalyse*,

이 점은 이 시집의 근원에 대한 얼마간의 짐작을 보태 준다. 아마도 박혜경 시가 '현실과의 결별'에서 출발한 것은 시인 자신의 처지보다 한국 여성의 일반적 상황에 연관되어 있기 때문이라는 것.

이 점은 차후 살펴보겠지만, 그런 일반성을 염두에 두기에는 시인의 태도는 아주 절박한 데가 있다. 따라서 일반적 상황과 개인적 정황이 중첩되어 있다고 보는 게 타당할 듯하다.

이보다는 절박성이 만들어 내는 시적 심상을 추적하는 게 시를 음미하는 길일 것이다. 도착은 그 일반적 반발만큼이나 심성보다 대상에 집중한다. 정신분석학자 앙드레 그린은 "대상은 충동의 계시자이다"라고 말한 바 있다.[4] 대상에 집중한다는 것은 무엇인가? 그린의 통찰에 착안한 한 정신분석가는 이렇게 풀이한다.

> 프로이트에게서 충동은 육체와 심성 사이에 놓인 접경지대(concept-limite)이다. 그리고 심리 기관은 두 개의 회로로 나뉜 구조이다. 하나는 지각에서 행동으로 나간다. 다른 하나는 충동 긴장의 체험으로부터 욕망의 환각적 실현(환상의 씨앗)으로 나간다. 육체의 층위에서 주체와 주체가 가진 것(가령, 엄마) 사이의 분리가 서서히 진행된다면, 언어의 층위에서는 주체/대상의 분리가 단김에 이루어진다. 마침내 원천으로부터 목표

Paris: Fayard, 1997, 'perversion' 항목.
4 André Green, *La pensée clinique*, Odile Jacob, 2002, p.239.

로 이행하는 과정 속에서 '충동은 그 운동을 통해 심리적 효과를 갖게 되며, 그 과정 속에서 충동이 만족을 얻기 전에 장애물들을 만나면서 충동은 표상들로 변모한다.'(「충동적 삶의 불안」, 1933) 그런데 프로이트가 충분히 말하지 않은 것이 있다. 그것은 표상이 있으려면, 대상이 있어야 한다는 것이다. 이때 대상은 충동이 만나긴 하지만 그에게 결핍된 것이다. 그린에게 있어서 충동은 주체와 대상 사이의 접경지대로서, 위니코트가 '발견된 것'-'창조된 것'의 변증법이라고 말한 작동을 통해, 외부의 대상을 창조한다.[5]

간단히 요약하면 심성은 대상으로 외화되면서 창조성을 띠게 된다는 것이다. 그로부터 "욕망의 환각적 실현"이 정당성을 얻게 된다. 도착의 미학적 의의가 여기에 있다 할 수 있다. 그것은 일종의 세계 전복적 표상의 창출을 수행한다.

박혜경 시에서도 대상의 창조성이 두드러진다. 방금 앞에서 인용한 시구를 보자. 심성만으로 보면 이 시는 절박한 견딤이다. 그런데 거기에 지시된 '너'는 누구인가? '너'는 '나'와 동일인이다. '나'는 자신을 외화함으로써 대상화한다. 그 대상화의 의도는 옥상에 위치시키려는 것이다. 즉 이것은 앞에서 보았던 죽음충동의 변경이다. 죽음충동이되, 의도적으로 죽음을 바투 마주 보고 대치하려는 행동이다. '나'는 '너'라는 대상으로 외화되면서 죽고 싶다는 막연

---

[5] Josiane Chambrier-Salma, "Le couple puision-objet dans l'œuvre d'André Green", *Le Carnet Psy*, No 280, 2025, p.47.

한 경향적 존재로부터 죽음과 대치하여 죽기 직전의 상황을 견디는 의지적인 존재로 변형된 것이다.

대상을 확정하는 것은 대상을 목적으로 갖는 것이 아니다. 자크 라캉이 '소대상 a'를 욕망의 원인으로 적시한 것은 잘 알려져 있는 얘기다. 주체는 대상을 움켜잡거나 대상 위에 올라탐으로써 자신의 활동력에 불을 붙인다.

올리버 색스는 「아내를 모자로 착각한 남자」[6]에서, 그것을 대상의 "분류와 범주화" 대 "판단과 느낌"의 대비로 설명한다. 시각적 인식 불능 환자인 음악 교사 'P' 씨는 모든 대상을 인접적으로 사고하면서 그에 기대어 대상을 인지하는데, 그것이 "분류와 범주화"에 의존하는 태도이다. 이런 태도는 실제로 대상을 특정하지 못한다. 그래서 모자를 쓰는 동작을 한다고 생각하면서 아내의 머리를 집어 드는 것이다. 색스는 이런 증상을 두고 "관계를 짓는 능력"의 결여로 파악하면서, 이 관계 짓는 능력은 '판단과 느낌'을 통해 실행된다고 분석한다.

우리의 존재와 삶을 구성하는 정신 과정은 단순히 추상적 혹은 기계적인 과정만이 아니라 개인적인 것이기도 하다. 대상을 분류하고 범주화할 뿐만 아니라 판단하고 느낀다. 따라서 판단과 느낌을 배제한다면, 우리는 P 선생과 마찬가지로 일종의 컴퓨터 같은 존재로 전락하고 말 것이다. 따라서 느낌

---

[6] 올리버 색스(Oliver Sacks), 『아내를 모자로 착각한 남자』, 조석현 역, 알마, 2018(1985), pp.27-45.

과 판단이라는 개인적인 것을 인지과학에서 배제한다면, 그
역시 P 선생과 똑같은 결함을 가지게 될 것이다. 즉 구체적이
고 현실적인 것을 파악하는 능력을 상당 부분 상실하게 되는
것이다.[7]

우리는 올리버 색스의 설명에서 '관계 짓는 능력'을 '차
이를 만드는 능력'으로 바꿔 이해하는 게 나을 것이다. 또
한 판단과 느낌이 '개인적'인 행위라는 진술에 주목하면서,
'개인적'이라는 어휘를 '주체적'이라는 어휘로 바꾸어도 무
방할 것이다.

4. 범례: 모자의 비밀, 기타

박혜경에게도 '모자'는 아주 중요한 대상이다. 그의 방향
은 올리버 색스의 환자 'P 교사'의 방향과 정반대이다. 즉
그는 '모자'를 특별히 중시할 뿐만 아니라, 그것이 자신의
창조가 피어날 꽃받침이라는 걸 알고 있다. 그는 제목에 '모
자'가 포함된 여러 편의 시를 썼을 뿐만 아니라, '모자'와 같
은 계열에 속하는 여러 단어들을 수다히 사용하고 있다.

왜 '모자'일까? '모자' 상징만큼 다양한 내포를 가진 것도
없어 보인다. 프로이트는 『꿈의 해석』에서 아버지가 유대
인인 탓에 기독교인에게 모욕을 당한 경험에서 모자가 벗
겨지고 그것을 줍는 광경을 회상한 바 있다.[8] 인종 차별의

---

7 올리버 색스, 『아내를 모자로 착각한 남자』, p.45.
8 지크문트 프로이트, 『꿈의 해석』, 김인순 역, 열린책들, 2011(1899-1900),

이야기인데도, 뒷부분에 가서 그는 모자를 남녀 양성 모두의 성적 상징으로 해석하여 독자를 당황케 하는데,[9] 그에 대한 자세한 풀이는 없다.

일상적인 차원에서 '모자'는 '감추는 것'으로써 역할을 한다. 마술사들은 모자를 썼다 벗었다 하는 동작을 통해서 숨은 물건을 꺼냈다 감췄다 한다. 많은 여성들은 머리가 지저분할 때 모자를 쓰고 외출한다. 프로이트 아버지의 모자도 유대인으로서의 자존심을 상징한다. 따라서 '모자'는 일종의 초자아로서 기능한다고 짐작할 수 있다. 하지만 일반적인 사회심리학에서 연상하듯이, 감시자로서가 아니라 보호자로서의 초자아이다. "(자아의) 모든 관계들은 '모자를 쓴 상태에서' 활발해질 수 있다. (중략) 왜냐하면 초자아는 자아로 하여금 자신의 부분들에 대한 표현을 상징화의 경계 속에서 유지할 수 있도록 보장해 주기 때문이다."[10]라고 한 정신분석학자가 말하듯이 말이다.

그러나 프로이트를 다시 들여다보면, '초자아'라고 단정하기는 어려운 듯이 보인다. 그에 의하면 '모자'는 초자아의 검열에 막힌 이드가 자아로 변형되는 과정 속에서 만들어진 내부 대상이다.

> 자아는 이드의 일부로서, 외부 세계의 직접적인 영향 아래

---

pp.245-246.
9 지크문트 프로이트, 『꿈의 해석』, p.428.
10 Cléopâtre Athanassiou, *Le Surmoi*, Paris: PUF, 1995, p.135.

서 전의식-의식의 중개를 통해 변형된 것임을 쉽게 알 수 있다. 자아는 또한 이드에 대한 외부의 영향과 그 의도를 활성화하려고 노력하면서, 이드를 무한정으로 지배하는 쾌락원칙의 자리에 현실원칙을 심는다. 이드에서 충동이 하는 역할을 자아에서는 지각이 수행한다. 이드가 감정을 내용으로 갖는다면, 자아는 이성과 양식이라고 불리는 것을 대표한다.[11]

이때 자아의 일부는 외부의 소리(명령)를 완화시키는 덮개(calotte acoustique)로써 작용한다. 그러니까 이 덮개는 자아에 이드의 욕구가 반영되어 자아의 한 대상으로 형성된 것이다. 바로 여기에서 프로이트가 '모자'를 남녀 양성의 성적 상징으로 본 까닭이 이해된다. '모자'는 이드(성적 충동)가 안에서 접히며 자아의 일부가 된 보호 덮개를 상징하는 것이다. 이드로부터 형성되었기 때문에 그것은 따뜻한 보호막이다. 그건 초자아의 외양을 가질 수 있다.

좀 다양하게 소개했는데, 박혜경 시에서 '모자'가 이 양상들을 두루 보이고 있다고 생각되기 때문이다. 「선향의 모자」는 아마도 이 시집에서 가장 난해한 시로 꼽힐 만하다. 매우 길어서 다 인용할 수는 없고, 풀이 중에 필요한 대목만 소개하겠으니, 관심 있는 독자는 직접 읽어 보시기 바란다.

이 시에는 한국 여성의 일반적 상황과 시인의 개인적 정

---

[11] "Le moi et le ça"(traduit par Jean Laplanche, 1923), *Essais de psychanalyse*, Paris: Payot, 1961, p.237.

황이 복합적으로 겹쳐져 있는 듯이 보인다.

우선 시에 제사가 붙어 있다. "춤은 한참 뒤에 이르기 전까지 춤처럼 보이지 않는다"라는 뮤리얼 루카이저로부터의 인용문이다. 이 제사로 미루어 이 시는 궁극적으로 춤의 의의를 해명하는 시라고 볼 수 있다.

서두에는 '김선향'이라는 이름의 어린 여학생을 소개한다. 이름에 대한 뜻풀이가 되어 있고, 그 이름을 '선향'이 좋아한다. 이러한 묘사는 한국에서 자식을 예뻐하고 꾸미는 부모 문화를 반영한다. 그런데 문득 학교에서 '선향'의 신발이 사라지고, 모자가 사라진다. 신발과 모자는 기능이 같다. 둘 다 덮개이며, 앞에서 보았듯 신발과 모자는 '선향'을 바깥으로 드러내면서도 '선향'을 보호한다. 그런데 이 두 대상이 사라진다.

이 실종 사건의 실상은 모호하다. 한편으로 '선향'은 "뜨거운 운동장에 서 있"다. 신발과 모자가 실종된 지 "일주일 후"이며, "교장 선생님의 훈시를" 듣고 있다. 이때, 실제로 훈시를 들은 학생들은 '선향'을 제외한 학교 학생들이다. 햇빛을 받은 학생들의 그림자들 중에 "선향의 그림자만 비어 있"고, "아무도 선향을 본 사람은 없"다.

다른 한편으로 '선향'은 "한 무리의 아이들로 에워싸인/ 더러운 화장실 안에" 있다. 이어지는 묘사들로 보아, '선향'은 동급생들에게 학폭을 당하고 있다. 그리고 '선향'은 어디론가 간다. '선향'은 "자신이 왜 그곳에 가려는지 모르"지만 "선향만이 알고 있는 장소"로 간다.

이 이중의 광경을 결합하면 대략 다음과 같은 과정의 연쇄가 만들어질 수 있다.

① '선향'은 학폭으로 사망했다.
② 이 죽음이 학교에 소동을 일으켜 교장 선생님이 학생들을 운동장에 줄 세우고 훈시를 한다.
③ '선향'은 유령이 되어, 학생들의 대열에 참여하나, 아무도 그를 알아보지 못한다.

이 정황이 오늘날 학교 현실에서 '개연성'을 갖는지는 확실히 모르겠다. 무엇보다도 학폭으로 발생한 소동은 교장의 '훈시'라는 통제의 경계를 넘어서는 사건이기 때문이다. 그러나 논리적으로는 이 두 사건은 긴밀히 연결된다.
학폭의 현장에서 아이들의 자세를 보자.

> 선향의 머리통을 누르고 있는 악력이
> 붉게 달아오른 선향의 귀에
> 검고 긴 혓바닥을 쑤셔 박고 있군요
>
> 병신아! 죽어! 죽어! 죽어!

아이들의 폭력은 격한 음성을 통해 그 의미를 전달한다. 이것은 교장의 훈시와 같다. 음향은 권위적 초자아의 매질이다. 요컨대 이 시는 학폭이 단순히 아이들의 사건이 아닌 권위주의적 사회에서의, 모방(거울반사)을 통해서 형성된 사회 일반의 정신 체제의 문제임을 폭로하고 있는 것이다.

이어서 유령이 된 '선향'은 "선향만이 알고 있는 장소"로 간다. 그런데 이 움직임에는 '무지'가 개입된다. "선향은 자신이 왜 그곳에 있는지 모르는 장소에서 깨어"나서, "자신이 왜 그곳에 가려는지 모르는 장소로 걸어"간다. 그런데 이유는 모르지만 '선향'은 그 장소를 안다. 이유에 대한 무지와 실체에 대한 앎이라는 지(知)의 대쌍 관계는 앞 문장에도 적용될 수 있다. '선향'은 자신이 왜 죽었는지 모르면서 그가 죽었다는 것은 안다.

이 정신 상태는 이어지는 시행, "선향은 다만 모르는 것을 아는 사람일 뿐//선향은 다만 아는 것을 모르는 사람일 뿐"에서 집약적으로 조명된다.

두 문장은 형태적으로는 같지만, 의미는 발전적이다. 즉 앞 문장은 폭력의 원인을 '선향'은 알 수 없으나, '선향' 자신이 당사자이기 때문에 폭력의 실상은 안다는 뜻으로 읽을 수 있다. 그 비슷이, 다음 문장은 죽임을 당한 유령이 본능적으로 어디로 가는지는 알고 있다는 뜻으로 읽을 수 있다. 그런데 '선향'이 간 장소는 그 해석을 변경케 한다.

　얼음을 끌어안고 있는 선향을
　얼음이 끌어안습니다

이 상황은 이 시집의 곳곳에서 나타나는 유사 상황들과

연계된다. 즉 앞에서 보았던 「옥상의 날들」에서 "옥상의 절벽처럼/나를 견디며 서 있"는 자세, 혹은 「조용한 상자」의 첫 대목,

> 상자가 된 일인칭을 생각했다
> 상자의 물성을 망각한
> 침묵에서 침묵으로 이동하는
> x축과 y축 사이에 부유하는
> 희미한 연속무늬로 나타나는
>
> 상자와 함께 있으면
> 보호받는다는 느낌이 들어
> 어쩌면 상자는 상자를 보호하는 걸까?

에서처럼, '상자'라는 대상으로 지칭된 빈방에 스스로 갇히는 행위가 유사 상황들이다.

그렇다면 "얼음을 끌어안고 있는 선향을/얼음이 끌어안"는다는 행위는 바로 죽은 '선향'이 죽음의 상황, 즉 '얼어붙은' 상황을 적극적으로 받아들인다는 것을 가리킨다.

바로 이 순간, 한국 여성들이 일반적으로 처해 있는 부정적 상황은 시인 개인의 선택의 층위로 올라선다. 시인의 개인적인 경험은 티끌도 노출되지 않았지만, 시인은 한국 여성의 한 사람으로서 여성 상황을 타개하는 하나의 요원으로서 등장한 것이다.

이렇게 개인적 선택과 더불어 죽음의 상황은 부활을 위한 질료들로 재규정된다. 이어지는 시행은 이렇다.

> 얼어붙은 호수 밑의 세계는
> 투명하고 고요해
> 선향의 신발과 모자와 그림자가
> 멈춰 버린 그대로 잠겨 있습니다

얼어붙은 호수 아래, "신발과 모자와 그림자"가 그대로 노출되어 있는 것이다. 이것들은 여학생의 피살을 증명할 물증들이 되겠지만, 더 나아가서 여학생의 존재, 즉 유령의 상태로 추락한 존재가 살아 있는 삶의 가능한 잠재태들을 모으면서, 현재의 부재에 힘입어 가정적 무한의 광경들을 떠올린다. 그게 제사에서 표현한 일상적 움직임(보행)을 뒤집는 '춤'이다. "한참 뒤에 이르기 전까지 춤처럼 보이지 않는" 춤. 독자는 여기에서 "산문이 보행이라면 시는 무용이다"라는 발레리의 유명한 경구를 떠올리게 되는데, 이 춤의 가능성을 통해 죽은 '김선향'은 비로소 자신의 이름을 기뻐하는 실존적 존재가 된다. 이때 '김선향'은 한국 여성의 착종적 상황에 계속 활기를 부여할 '선물'을 줄 수 있게 되었기 때문이다. 그 심사를 표현하는 마지막 대목은 이렇게 마감한다.

> 모자를 쓰거나 쓰지 않은 사람들이

짧은 환영처럼
호숫가로 몰려왔다 몰려갑니다

호수 옆 벤치에 선향이 앉아 있어요
선향의 머리 위로
흰빛의 오후가 내려앉아요
나무 위에는 바람이 걸어 놓은
선향의 모자가 춤추듯 흔들리고 있어요

선향은 선물을 준 사람처럼 기뻐져서
나무를 향해 천천히 자신의 이름을 불러 봅니다

내 이름은 김선향입니다

 이 마지막 대목에서 산 자가 "짧은 환영처럼" 덧없어지고, 죽은 '선향'이 살아 있는 존재가 된다. 이것이 도착의 최종 효과이다.

5. 맺는말

 지금까지의 분석을 통해 박혜경의 시가 도착을 기본 형식으로 갖는 썩 희귀한 시 세계를 조성하고 있다는 점을 밝혔다고 생각한다. 더 나아가 시적 도착의 사회 전복적 기능을 강조하고 그것이 기능하도록 대상의 체험적 혹은 감각적 구축(개인화)이 작동하는 기제를 분석하였다. 지금까지의 분석을 추적해 온 독자들은 다른 시들에 대해서도 유익한 해석을 스스로 찾아낼 수 있을 것이라 짐작한다.

어쨌든 분석을 마치며 보니, 시인 박혜경의 사회적 자세가 매우 강한 '여성주의'의 그것이라는 점이 필자를 놀라게 한다. 평론가 박혜경과 오랫동안 작업을 해 온 필자의 기억 속의 그는 오로지 미적 취향에 몰입해 온 사람이었다. 물론 평론가 박혜경과의 공동 작업을 중단한 지 20년가량 흘렀기도 하다. 20년이라! 옛날에도 강산이 두 번 변하는 시간이다. 현대로 올수록 변화의 속도는 가속화되어 왔다. 그러나 속도가 문제가 아니라, 한국의 젠더 상황이 거듭 악화되었거나 혹은 부각되어 온 정황이 박혜경의 사회적 태도에 영향을 준 가장 큰 원인일 것이다. 그 점에서 박혜경의 시는 그 정황에 대응하는 썩 의미심장한 하나의 방법을 제공한 것이라 할 수 있다. 독자들의 음미를 바란다.